LE GUIDE QUÉBÉCOIS DU
Potager

LES ÉDITIONS QUEBECOR
une division de Groupe Quebecor inc.
4435, boul. des Grandes Prairies
Montréal (Québec)
H1R 3N4

Distribution: Québec Livres

© 1989, Les Éditions Quebecor
Dépôts légaux, 2ᵉ trimestre 1989
Publié antérieurement aux Éditions Libre Expression
sous le titre «Le potager».

Bibliothèque nationale du Québec
Bibliothèque nationale du Canada
ISBN 2-89089-513-0

Conception et réalisation graphique
de la page couverture: Bernard Lamy et Carole Garon

Illustrations: Luc Métivier

Impression: Imprimerie l'Éclaireur

Marc Meloche

LE GUIDE QUÉBÉCOIS DU
Potager

Les **Éditions**
Québecor

TABLE DES MATIÈRES

TROISIÈME PARTIE
Le potager du jardinier expert

Introduction

Les avantages d'un jardin potager

C'est un fait que les légumes coûtent de plus en plus cher. Comparez simplement le prix des tomates aujourd'hui avec celui d'il y a cinq ans et vous verrez la différence. Au moins, s'ils étaient bons ces fameux légumes du supermarché... mais non, ils sont insipides, pâles et fatigués d'avoir poussé trop vite. Certaines gens ont même presque oublié la saveur tellement riche d'une tomate fraîchement cueillie. On ne peut plus s'imaginer combien c'est bon une carotte que l'on vient tout juste d'arracher du jardin. Souvenirs du bon vieux temps, direz-vous? Mais non! Il est possible de retrouver cette saveur unique des légumes frais; cultivez-les vous-même.

La culture des légumes à la maison ou au chalet devient de plus en plus populaire. C'est d'abord le moyen d'obtenir de bons légumes, puis d'économiser de l'argent et, enfin, de profiter du soleil et de la vie à l'extérieur tout au cours de l'été. Regardez les jardiniers, ils ont toujours l'air pleins de jeunesse et de joie de vivre... le jardinage constituant en quelque sorte une véritable fontaine de Jouvence! Bien sûr, au début ça peut paraître difficile. Bêcher la terre, planter les carottes à la bonne distance et au bon moment, éliminer les insectes, choisir les bons engrais, et quoi encore! Avec un peu de patience et quelques notions de base vous découvrirez vite que ce n'est pas si compliqué. Vous commencerez sans doute avec quelques pieds de tomates, un rang de laitue, quelques concombres et des radis. Puis, quand vous vous sentirez plus sûr de vous, pourquoi ne pas essayer des betteraves, des pois ou des asperges? Vous y prendrez vite goût et, de vous-même, serez tenté d'agrandir votre jardin ou encore de commencer, à l'intérieur, la croissance de certains légumes délicats. Bientôt vous deviendrez un expert en culture potagère et votre jardin fera l'envie de tous vos voisins. On viendra admirer vos aubergines; on vous demandera des conseils et, petit à petit, les légumes du supermarché ne seront plus pour vous qu'un lointain et pâle souvenir.

Dans les pages qui suivent, le jardin potager vous est présenté sur trois plans: celui du débutant, celui de l'intermédiaire et, enfin, le jardin de l'expert. Je crois que c'est la meilleure façon d'aborder le sujet puisque tout le monde n'est pas également familiarisé avec les techniques de jardinage. Chacun devrait donc trouver ici les renseignements dont il a besoin concernant la culture potagère.

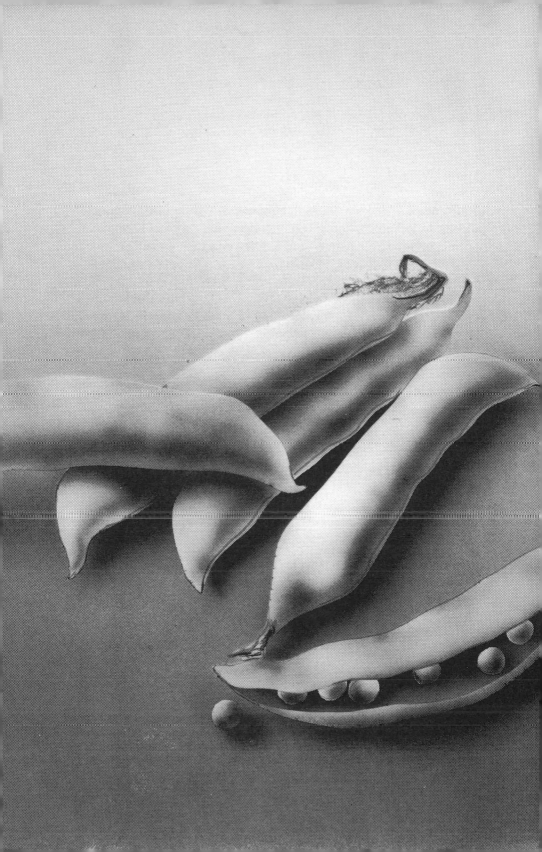

PREMIÈRE PARTIE

Le potager du jardinier débutant

1 Éléments de base

Les outils de base

La première chose à faire lorsque l'on décide d'avoir un jardin potager, c'est de se procurer de bons outils. Point n'est besoin d'en avoir vingt-cinq pour commencer: trois ou quatre suffiront. Une chose cependant est capitale: la qualité. Les premiers outils constituent en quelque sorte la base du jardinage. Il importe donc qu'ils soient solides et durables. On trouve sur le marché une foule d'outils, de formes et de qualité variables. Ceux en métal peint sont bon marché mais ils rouillent rapidement et doivent être remplacés à plus ou moins brève échéance. Par contre, ceux en acier inoxydable et munis d'un manche en bois ou en plastique dureront des années, pourvu que vous en preniez le moindrement soin. Enfin, en les choisissant, évitez les outils aux formes soi-disant améliorées et modernisées; les modes passent vite et vous risquez de vous retrouver avec des collections de pelles plus embarrassantes qu'utiles. Voici donc les outils dont vous aurez besoin pour commencer.

La pelle

C'est le point de départ. À mon avis, une bonne pelle doit être ronde (pointue). Pour le débutant, la pelle va servir à faire de gros travaux; un manche pas trop long et muni d'une poignée

LE GUIDE QUÉBÉCOIS DU POTAGER

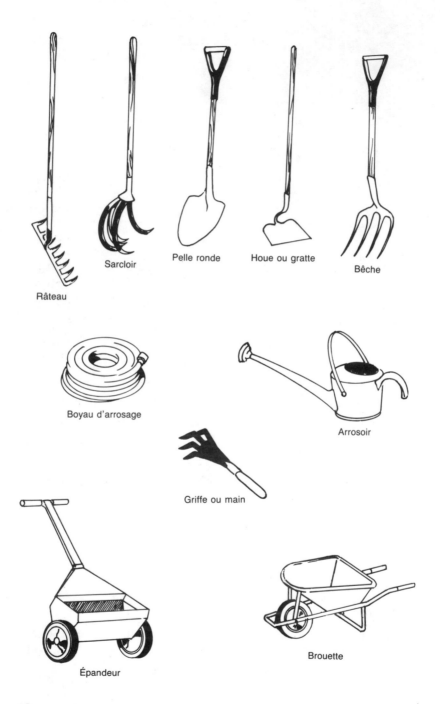

Sarcloir

Pelle ronde

Houe ou gratte

Bêche

Râteau

Boyau d'arrosage

Arrosoir

Griffe ou main

Épandeur

Brouette

est l'idéal. Plusieurs jardiniers professionnels recommandent d'utiliser la bêche, plutôt que la pelle, pour retourner la terre. Vous pourrez toujours vous en acheter une plus tard, mais pour le moment vous n'en avez pas besoin.

Le râteau

Il vous servira à égaliser la terre après l'avoir bêchée, à enlever les roches et les racines, et à une foule d'autres usages. Choisissez-en un à long manche et à tête préférablement plate.

Le déplantoir

On l'appelle quelquefois aussi plantoir, selon qu'on s'en sert pour planter ou déplanter... Cette petite pelle manuelle est très importante. Elle vous servira à mettre les plants en terre et à arracher les mauvaises herbes. Au moment de l'acheter, vous remarquerez que la largeur de la «pelle» varie beaucoup selon les modèles. Choisissez de préférence le déplantoir dont la «pelle» mesure environ 8 cm (3 po) de largeur.

Le sarcloir

Moins utile que le déplantoir, il sert à effectuer de légers binages autour des plants. De préférence, choisissez-en un dont les dents sont droites plutôt que courbées; ils sont plus faciles à manier.

Les accessoires

L'arrosoir

Un arrosoir muni d'une pomme s'avère particulièrement précieux lorsque vient le temps d'arroser les semis ou les jeunes plants nouvellement transplantés. Ceux en plastique sont un peu moins résistants que les arrosoirs en métal, mais ils sont plus légers et ne risquent pas de rouiller.

Le boyau d'arrosage

Vous en avez peut-être déjà un pour arroser le gazon. Sinon, il serait bon d'en faire l'acquisition, surtout si vous désirez faire un grand jardin.

Le pulvérisateur

Si vous comptez organiser un grand jardin, ou si vous cultivez déjà des arbres, des fleurs et des arbustes, il faut songer dès maintenant à vous munir d'un pulvérisateur à pression. Les insectes ont aussi hâte que vous de goûter à vos légumes! Si vous les laissez se répandre, ils ruineront en peu de temps le plus beau potager. Le pulvérisateur à pression permet de réprimer les insectes efficacement et rapidement. Ils peuvent contenir en général de 2 à 12 litres (de 1/2 à 3 gallons) de liquide. Pour un tout petit jardin, un pulvérisateur en plastique d'une capacité de 2 litres (1/2 gallon) suffit. Par contre, si vous comptez vous en servir sur tout le terrain (arbres, arbustes, haies, etc.), optez plutôt pour un modèle en métal, muni de roulettes et pouvant contenir au moins 8 litres (2 gallons) de liquide.

Tuteurs en bambou

Si vous songez à cultiver des tomates, des fèves et quelques autres légumes, vous aurez besoin de tuteurs. Ceux en bambou ne coûtent pas cher et sont disponibles chez la plupart des pépiniéristes.

La préparation du terrain

Quel endroit choisir

Le site idéal pour un jardin potager est un endroit dégagé, loin des grands arbres ou des constructions en hauteur, de façon que votre futur jardin puisse recevoir au moins six heures de soleil par jour. En effet, un ensoleillement maximal est très important dans la culture des légumes. Un endroit ombragé donne des fruits et des légumes médiocres, des plants rachitiques sujets aux maladies et victimes des insectes. Évitez aussi les endroits surélevés, tels les buttes ou les talus, de même que les dépressions. Les premiers se dessèchent trop vite pendant les périodes de sécheresse, et les seconds risquent de se transformer en mare d'eau dès la première pluie.

La superficie du jardin

La grandeur de votre jardin dépendra d'abord de la superficie de terrain dont vous disposez, puis de votre budget et, enfin, du nombre de bouches à nourrir de votre famille. Un jardin d'environ 8 m^2 (86 pi^2) conviendra parfaitement à une famille de quatre personnes, soit environ 2 m^2 (21 pi^2) par personne. Ne voyez pas trop grand la première année. Il vaut mieux se contenter d'un petit carré au début. L'année suivante, vous serez plus expérimenté et vous pourrez alors augmenter et diversifier vos cultures selon les besoins de votre famille. Nous verrons plus loin de quelle façon disposer votre jardin.

Le labourage

L'opération labourage consiste à retourner la terre au printemps pour la rendre plus meuble et la débarrasser des pierres, raci-

Le moindre terrain vague peut se transformer en un magnifique potager.
Photo: Agriculture Québec

nes et mauvaises herbes susceptibles de nuire à la croissance des jeunes semis. Le labourage s'effectue au moyen de la pelle ou de la bêche.

On doit commencer à labourer le sol tôt le printemps, dès que la terre s'est suffisamment égouttée pour pouvoir être travaillée. Une bonne façon de vérifier si la terre est prête consiste à en prendre une poignée et à la rouler entre ses mains. Si elle forme une boule, elle est encore trop humide. Si, par contre, elle s'émiette et glisse entre les doigts, c'est qu'elle est suffisamment asséchée pour être labourée facilement.

Le labourage printanier est très important, c'est de lui que dépend, en grande partie, le succès de votre futur jardin. Il faut donc retourner la terre de façon vigoureuse, jusqu'à environ 20 cm (8 po) de profondeur, là où l'on a choisi d'établir le jardin. Si vous ne labourez pas suffisamment en profondeur, vous

Il est possible de cultiver certains légumes dans des pots et même dans des paniers à suspendre. La laitue en feuille, la mâche, le cresson de jardin et le persil s'adaptent très bien à la culture en pot.
La tomate miniature hybride «TOM BOY» et le concombre hybride «patio» donnent aussi d'excellents résultats.
Photo: Agriculture Canada

Une boîte à fleurs traditionnelle peut facilement se transformer en potager miniature. En plus d'être décorative, cette boîte permet de cultiver des légumes, même sur le balcon. Les laitues en feuilles et les tomates miniatures donnent habituellement de bons résultats dans des boîtes à fleurs.
Photo: Agriculture Canada

Un jardin potager compact et fort décoratif. Le modèle illustré est avant tout pratique, mais aussi des plus esthétiques. Ce jardin portatif renferme des tomates, des concombres, de la laitue, des carottes, des radis et des oignons.

Photos: Agriculture Canada

La culture des légumes en bacs devient de plus en plus populaire. Elle s'avère particulièrement précieuse pour les jardins exigüs où le potager classique ne peut être cultivé. La plupart des légumes peuvent s'adapter à ce genre de culture. Il importe toutefois que les bacs ou tout autre contenant choisi soient assez grands et profonds pour permettre aux racines de bien se développer.
Photo: Agriculture Canada

Un vieux pneu peut à la rigueur servir de contenant. On peut y cultiver avec succès des tomates miniatures, de la laitue en feuilles, des échalotes, des oignons ou même des concombres, comme l'illustre notre photo.
Photo: Agriculture Canada

n'obtiendrez que des fruits et des légumes rachitiques, car les fruits et les légumes exigent une terre bien meuble pour se développer normalement. Commencez donc par retourner la terre en grosses mottes que vous hacherez ensuite avec la pelle. Terminez en râtelant vigoureusement avec le râteau, de façon que les particules de terre deviennent aussi fines que possible. Profitez-en pour enlever toutes les roches, racines et débris que vous trouverez.

L'amélioration du sol

Les types de sol

Il est très important que le sol dans lequel croîtront les plants de légumes soit de bonne qualité. Celui dont vous disposez ne l'est peut-être pas; il vous faudra alors l'améliorer. Il existe, en effet, plusieurs types de sol. Dans nos régions, on peut les regrouper ainsi: les sols argileux et les sols sablonneux.

Les sols argileux sont plutôt lourds et compacts. Ils ont tendance à s'égoutter lentement et à rendre en mottes lorsqu'on les travaille. De plus, ils se réchauffent lentement au printemps. Ce type de sol ne convient pas bien à la culture. Il faut lui ajouter du sable afin de le rendre plus léger et plus perméable. Nous verrons plus loin les proportions à respecter.

Les sols sablonneux, pour leur part, ont l'avantage d'être légers et faciles à travailler. Ils sont toujours meubles et se réchauffent rapidement au printemps. Malheureusement, ils se dessèchent très vite et retiennent peu les éléments nutritifs nécessaires aux plantes. Il faut leur ajouter de la terre argileuse, comme nous le verrons plus loin. Pour le moment, disons que le type de sol qu'il faut chercher à obtenir est un sol léger, mais ferme, capable de retenir l'eau tout en s'égouttant facilement. Un mélange des deux types précédents est, en général, idéal.

Les éléments nutritifs du sol

Un bon sol à jardin potager doit être riche en éléments nutritifs. Il doit contenir du sable, de l'argile et de l'humus. Ce sont les trois composants qui font la qualité du sol. L'humus, sans doute l'élément le plus important puisque c'est lui qui contient les matières organiques nécessaires à la croissance, peut s'obtenir de diverses façons. La mousse de tourbe est un médium intéressant et facile à trouver. Voyons maintenant un mélange de ces éléments que l'on peut préparer soi-même. Ce mélange se compose d'une partie de sable, d'une partie de mousse de tourbe et de deux parties de terre à jardinage. La terre de votre jardin vous servira de terre à jardinage, tandis que le sable et la mousse de tourbe peuvent facilement s'obtenir chez un pépiniériste. La terre à jardinage est aussi disponible chez le pépiniériste pour ceux dont le sol est trop sablonneux. Mélangez bien les trois éléments à l'aide de la pelle ou de la bêche, puis égalisez le tout avec le râteau.

La fertilisation du sol

La texture de votre sol est maintenant idéale. Il ne vous reste qu'à le fertiliser. Les éléments nutritifs que nous avons mentionnés plus haut peuvent s'obtenir sous forme d'engrais. Précisons tout de suite qu'il existe deux formes d'engrais: les engrais organiques et les engrais inorganiques.

Les engrais organiques proviennent de matières végétales et animales décomposées, comme le compost ou les fumiers. Ils prennent un certain temps à se décomposer et agissent doucement et lentement. Ils ont, en outre, l'avantage d'améliorer la texture du sol. Pour leur part, les engrais inorganiques sont fabriqués de produits chimiques. Ils agissent rapidement mais leur action est de courte durée. Ils n'améliorent pas la texture du sol. Toutefois, les deux types d'engrais ont une chose en commun: ils contiennent chacun, en pourcentages plus ou moins équilibrés, les trois éléments suivants: de l'azote, du phosphore et de la potasse.

L'azote encourage la croissance du feuillage et de toute la plante en général. Une quantité substantielle d'azote est importante tôt le printemps, afin de faire démarrer la croissance rapidement.

Le *phosphore* augmente la vitalité de la plante et la résistance à la maladie. De plus, le phosphore favorise la floraison et la fructification. Il devient donc très important pour les légumes et les fruits.

La *potasse* agit en grande partie sur les racines des plantes. Elle aide de plus les cellules végétales à emmagasiner l'eau et devient précieuse lors des périodes de sécheresse.

Nous venons donc de constater l'importance de chacun de ces trois éléments principaux qui constituent les engrais.

D'autre part, il existe sur le marché une foule d'engrais de toutes marques, tous meilleurs les uns que les autres au dire des fabricants. Voici comment s'y retrouver. Les sacs d'engrais portent toujours trois chiffres sur leur emballage, indiquant les pourcentages respectifs d'azote, de phosphore et de potasse contenus dans le sac. Les trois éléments sont toujours représentés dans le même ordre: azote, phosphore et potasse. Par exemple, un engrais portant les chiffres 6-9-5 contient 6 % d'azote, 9 % de phosphore et 5 % de potasse. Les 80 % qui restent sont de matière inerte (poussière) servant de porteurs aux éléments nutritifs. C'est donc dire qu'un sac de 2 kg (4½ lb) de 6-9-5 équivaut à un sac de 1 kg (1 ¼ lb) de 12-18-10, puisque ce dernier est deux fois plus concentré que le précédent. Ne vous laissez donc pas éblouir par la beauté de l'emballage ou par les promesses des fabricants qui vous garantissent des tomates grosses comme ça avec leur engrais supérieur... Examinez quelques marques, puis choisissez celle qui, pour un poids et une concentration semblables, est la moins chère.

Par ailleurs, les fruits et les légumes ayant leurs propres exigences en ce qui touche leur culture, les types d'engrais leur convenant le mieux sont ceux dont la concentration en phosphore est d'environ le double de celle des deux autres éléments, par exemple, du 6-9-5 ou 5-10-5, etc. Méfiez-vous des engrais spéciaux pour tomates ou concombres supers, etc., ils ne sont pas si miraculeux que ça et leur présentation en petits formats revient très cher. Choisissez un engrais tout équilibré comme ci-haut.

Engrais chimiques ou organiques?

On entend souvent des amateurs et des experts de tous acabits vanter la supériorité de tel type d'engrais par rapport à un autre. À mon avis, ces querelles sont vaines et les deux types d'engrais organiques et inorganiques (chimiques) ont chacun leurs avantages et leurs désavantages (voir plus haut). Pour ma part, je vous recommande d'utiliser les deux à la fois. Un bon fumier appliqué en même temps qu'un engrais chimique complet vous donnera des fruits et légumes fameux. Les pépiniéristes offrent maintenant des fumiers déshydratés et surtout *désodorisés*. Le fumier de mouton est, en ce qui concerne la culture potagère, plus recommandable que le fumier de vache, car il contient plus de phosphore. En conclusion, il faut appliquer, tôt le printemps, après que la terre a été soigneusement préparée, un fumier de mouton et un engrais chimique complet de type 1-2-1. La quantité à appliquer est difficile à déterminer de façon précise car elle dépend de la concentration de l'engrais dont vous comptez vous servir. Vous trouverez sur l'étiquette du fabricant la quantité exacte à appliquer par mètre carré (environ 3 1/4 pieds carrés). Ne dépassez pas les doses recommandées par le fabricant car un excès d'engrais brûlera les racines et fera mourir les plants.

Le choix des légumes

Votre terre est maintenant prête à recevoir les cultures. Comme il s'agit ici probablement de votre premier jardin, il est préférable de vous limiter à des légumes faciles à cultiver. Il serait en effet fastidieux de vous risquer dans des cultures complexes qui ne pourraient que vous attirer des ennuis et des échecs décevants. Les légumes que je vous conseille pour un premier jardin sont les suivants: tomates, concombres, haricots (fèves), laitue, piments doux, carottes, radis et de la ciboulette. Tous ces légumes peuvent se commencer avec des graines. Ces graines sont disponibles chez les pépiniéristes et les marchands grainetiers, généralement à compter du mois de février. En ce qui concerne les tomates et les piments, il est préférable pour le débutant de les acheter en plants à la fin de mai ou au début de juin. Ces légumes doivent être, en effet, semés à l'intérieur en mars, car notre saison estivale au Québec est trop courte pour pouvoir les cultiver avec succès en les semant en pleine terre après les gelées. Nous verrons d'ailleurs plus loin le mode de culture de chacun de ces légumes.

La planification du jardin

La forme

La forme de jardin la plus facile à entretenir pour le débutant est, à mon avis, la forme rectangulaire. Prenons comme modèle un jardin de 8 m^2 (86 pi^2) pour une famille de quatre personnes. Il devrait épouser la forme d'un rectancle de 2 m

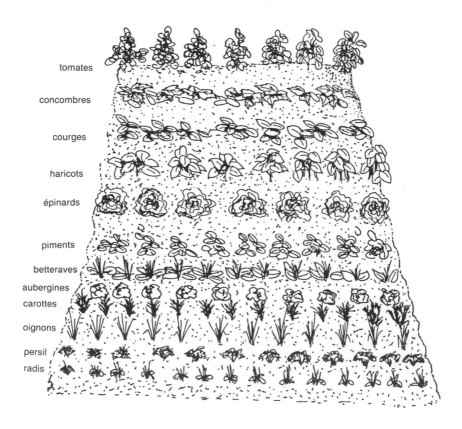

tomates
concombres
courges
haricots
épinards
piments
betteraves
aubergines
carottes
oignons
persil
radis

Ce type de jardin contient suffisamment de légumes pour nourrir une famille de quatre personnes tout au cours de l'été. Plantez les légumes de grande taille dans la partie nord du jardin et les plus petits dans la partie sud. Cette disposition assure un ensoleillement idéal pour tout le jardin.

(6 1/2 pi) de largeur et de 4 m (13 pi) de longueur. Cette forme allongée vous permet de pouvoir atteindre les plants situés au centre sans avoir à marcher dans votre jardin. En effet, si vous n'avez pas l'habitude de manipuler les plants et devez vous rendre au centre de votre jardin, vous aurez peur de mettre le pied là où il ne faut pas, vous serez porté à faire de faux mouvements, bref, vous aurez l'impression de ressembler à un éléphant perdu dans un champ de fraises.

Les rangs

La meilleure façon, de disposer les plants consiste à les aligner en rangs légèrement surélevés dans le sens de la largeur du rectangle. Si votre terrain est légèrement en pente, alignez les rangs dans le sens contraire de la pente. De cette façon, chaque rang servira de petite digue et préviendra l'érosion du sol après chaque pluie ou arrosage.

La disposition des légumes

Les différents plants de légumes n'atteignent pas tous les mêmes dimensions. Comme tous ont besoin du maximum d'ensoleillement pour bien se développer il faut, par exemple, que les gros plants de tomates ne cachent pas les petits plants de radis. Il faut donc toujours veiller, autant que possible, à orienter le jardin nord-sud en disposant les rangs transversalement à cet axe. Dans la partie nord, vous placerez les plants de concombres et de tomates, puis en allant vers la partie sud, les plants de haricots, de piments, de laitue, etc., de façon à obtenir une dégradation allant du plus grand au plus petit. Ainsi chaque rang pourra bénéficier du maximum de soleil.

Comment faire un semis

Semer des graines semble bien facile, comme ça, au premier abord, mais pour quelqu'un qui ne l'a jamais fait le tout risque de se compliquer un peu. N'oubliez pas que les petites graines que vous semez prendront beaucoup d'ampleur avant d'atteindre l'âge adulte. L'erreur que commettent la plupart des débutants est de semer trop serré. On voit parfois des rangs de carottes si denses qu'ils ressemblent plus à des allées gazonnées qu'à des rangs de légumes. Une autre erreur à éviter consiste à tenir l'enveloppe de graines trop loin du sol en semant. Les graines qui tombent au sol, là où vous désireriez qu'elles poussent, rebondissent plutôt en tous sens. Vous vous retrouvez alors avec des rangs comprenant deux ou trois sortes de légumes. L'esthétique et surtout l'efficacité du jardin y perdent.

Une bonne façon de semer consiste d'abord à tracer de petits sillons au sommet des rangs. Employez le manche du râteau: couchez-le sur le rang et appuyez légèrement. Retirez le râteau et le tour est joué; vous serez assuré d'avoir un beau rang rectiligne, car la rainure laissée par le râteau vous servira de guide. Semez maintenant les graines doucement dans la rainure et arrangez-vous, autant que possible, pour que chaque graine soit distancée de l'autre d'environ quatre fois sa grosseur. Refermez ensuite doucement le sillon en le raclant légèrement avec la tête du râteau. Lorsque tous les rangs ont été semés et refermés, arrosez légèrement avec votre arrosoir manuel. Attention de ne pas faire ruisseler l'eau, ce qui pourrait laver les semis.

2 La culture des légumes

Nous allons maintenant nous arrêter à quelques légumes dont nous avons parlé plus haut. Nous verrons en détail le mode de culture et les exigences propres à chacun ainsi que les maladies et les insectes qui peuvent les attaquer. Les insectes et les maladies feront aussi l'objet d'un autre chapitre un peu plus loin.

D'autre part, parmi toutes les variétés de légumes en vente sur le marché, nous mentionnerons le nom de celles qui sont les plus recommandables à cause de leur précocité ou de leur résistance. Nous indiquerons, enfin, quel est le moment le plus propice à la cueillette des légumes.

La carotte
Daucus carota sativa

Variétés
Longues, de 23 à 30 cm (de 9 à 12 po): King Imperator, 77 jours; Imperator longues 58, 77 jours; Gold Pak, 77 jours.

Moyennes, de 12 à 20 cm (de 5 à 8 po): Nantaise, 65 jours; Suprême Tip Top, 65 jours; Chanteney, 68 jours.

Courtes, moins de 12 cm (5 po): Pomme rouge, 57 jours; Little Finger, 51 jours.

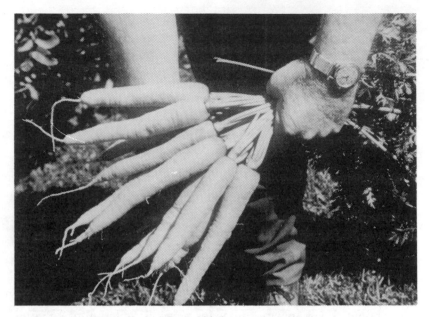

Photo: Jardin botanique de Montréal (Roméo Meloche)

Le semis

On peut commencer à semer des carottes très tôt le printemps, dès que la terre peut être travaillée. Semez les graines à environ 6 mm (1/4 po) de profondeur et espacez les rangs d'environ 30 cm (12 po). Si vous préférez les jeunes carottes tendres aux carottes adultes, semez-en tous les quinze jours, depuis le début de mai jusqu'au 15 juin environ. Vous aurez alors à portée de la main une bonne provision de carottes fraîches en tout temps. Notez enfin que les graines de carottes prennent de 10 à 20 jours à germer. Ne vous découragez pas.

Mode de culture

Lorsque les jeunes plants atteignent de 6 à 8 cm (de 2 1/2 à 3 po), éclaircissez-les à environ tous les 5 cm (2 po) de distance. Éclaircir signifie: arracher les plants qui sont de trop, de façon que ceux qui restent soient espacés de 5 cm (2 po). Comme les carottes aiment les terres meubles, il serait bon de retourner la terre de chaque côté des rangs à quelques reprises au cours de l'été, en vous servant du sarcloir. Arrachez aussi les mauvaises herbes dès leur apparition.

Maladies: Elles surviennent rarement durant la première année.

Insectes: La mouche blanche: elle creuse des galeries dans la carotte. Traitez au diazinon.

La ciboulette
Allium schœnoprasum

La ciboulette est très facile à cultiver. Il suffit de la semer tôt le printemps dès que la terre peut être travaillée. Lorsque les plants ont atteint environ 7 cm (2 3/4 po), éclaircissez-les à environ tous les 5 cm (2 po). On peut commencer à couper la ciboulette dès qu'elle atteint 10 cm (4 po). Elle repoussera d'elle-même, comme du gazon. De plus, les plants sont vivaces, c'est-à-dire qu'ils repousseront l'année suivante. Ajoutez un engrais complet au cours de l'été.

Le concombre
Cucumis sativus

Variétés
Hâtives: Hybride F-1 n° 14, 53-55 jours; hybride n° 35, 55-77 jours.

Tardives: Hybride Tenderfresh, 65-66 jours; hybride vert de Damas, 65-67 jours; hybride F-1 méridien, 60-62 jours.

À cultiver en pots: Hybride pot-luck, 55-60 jours.

Photo: *Jardin botanique de Montréal (Roméo Meloche)*

Le semis

Comme les plants de concombres ne tolèrent pas la gelée, il vaut mieux acheter des plants déjà commencés vers la fin de mai. Ces jeunes plants sont disponibles chez la plupart des pépiniéristes. Il est opportun de planter ces plants à la fin de mai ou au début de juin, lorsque tout danger de gel est passé. Il est préférable de planter les concombres en buttes plutôt qu'en rangées, soit quatre ou cinq plants par butte. D'ailleurs les pépiniéristes vendent, pour la plupart, les plants de concombres dans des petits contenants en bois léger (cassot de fraises) à raison de trois à cinq plants par contenant. Plantez alors le cassot au complet dans la butte, les racines sortiront par les fentes aux quatre coins et les plants ne seront pas dérangés par la transplantation.

Mode de culture

On peut soit laisser ramper les plant sur le sol, soit les faire grimper sur un treillis. La seconde méthode offre l'avantage que les fruits (concombres) ne reposent pas sur le sol, diminuant ainsi les risques de maladies et d'insectes. Voici comment fabriquer un treillis maison peu coûteux. Prenez trois tuteurs en bambou de 2 m (6 1/2 pi) de long (en vente chez les pépiniéristcs) et enfoncez-les dans le sol. Fixez-en ensuite trois autres horizontalement à l'aide d'une corde solide de façon à obtenir un damier. Puis nattez chaque carré du damier en grillage avec de la ficelle. Les plants grimperont facilement à ce treillis.

D'autre part, lorsque vous arrosez les plants, évitez d'asperger le feuillage afin de prévenir le mildiou, maladie à laquelle les plants de concombres sont sujets. Lorsque les fruits sont assez gros pour être cueillis, il faut faire la cueillette chaque jour car les concombres laissés sur le plant retarderont la formation de nouveaux fruits. Enfin, il est bon d'appliquer un engrais complet au début de juillet.

Maladies

Le mildiou: Les feuilles, puis les tiges et les fruits se recouvrent d'une poudre blanche. Le feuillage a tendance à jaunir et les fruits cessent de se développer. Traitez au captan.

La mosaïque: Il s'agit d'un virus. Les feuilles deviennent striées de jaune et de vert pâle, se déforment et s'enroulent sur elles-mêmes. Les fruits aussi deviennent striés et se couvrent de verrues. Arrachez et brûlez tous les plants qui en sont atteints. En prévention, achetez toujours des variétés spécifiées *résistantes à la mosaïque*.

Insectes: Perceur de la courge, scarabée du concombre, pucerons. Traitez au diazinon ou au roténone.

Le haricot (fève)
Phaseolus

Variétés
Jaunes: Pencil Pod, 56 jours; Kinghorn, 55 jours; Sinclair, 50 jours.

Vertes: Astro, 52 jours; Contender, 48 jours; Sprite, 54 jours.

Le semis
On peut semer les graines dès que le danger de gel est passé, soit à la fin de mai ou au début de juin. Semez les graines à environ 4 cm (1 1/2 po) de profondeur en les espaçant d'environ 5 cm (2 po). Il est bon d'en semer toutes les deux semaines, jusqu'au 15 juillet environ, afin que la récolte se prolonge jusqu'à la fin de l'été. Espacez les rangs d'environ 50 cm (20 po).

Mode de culture
Les haricots ne doivent pas manquer d'eau au cours de l'été; veillez donc à ce qu'ils demeurent bien arrosés. Évitez toutefois de mouiller le feuillage, ce qui encourage la rouille. De légers binages autour des plants activeront la croissance et élimineront les mauvaises herbes. Lorsque la période de la récolte commence, il faut enlever les fruits mûrs tous les jours afin de prolonger la récolte.

Maladies
La fonte du semis: Cette maladie attaque souvent les graines dans le sol avant qu'elles aient eu le temps de germer. On peut

Photo: Jardin botanique de Montréal (Roméo Meloche)

prévenir la fonte en arrosant le sol avec du No-Damp ou avec une solution de captan après avoir semé.

Anthracnose, brûlure bactérienne, mosaïque: Ces maladies incurables peuvent se prévenir en achetant des variétés spécifiées résistantes, en évitant de mouiller le feuillage, et en ne maniant pas les plants lorsqu'ils sont trempés.

Insectes: Coccinelle du Mexique, pucerons, méloés. Pulvérisez avec du diazinon ou du roténone.

La laitue
Lactuca sativa

Variétés
Frisée: Grand rapids, 43 jours; Simpson, 44 jours; Prizehead, 47-50 jours.

Photo: Jardin botanique de Montréal (Roméo Meloche)

Pommée: Bibb, 58-60 jours; Ithaca résistante, 83 jours; Great Lakes 366-A, 80-82 jours.

Romaine: Valmaine verte, 65-66 jours; Blanche maraîchère, 68-70 jours.

Le semis

Semez au début de mai, dès que la terre peut être travaillée, à environ 6 mm (1/4 po) de profondeur. Espacez les rangs d'environ 30 à 35 cm (de 12 à 13 1/2 po). Pour la laitue pommée, les rangs devront être espacés d'environ 40 cm (15 1/2 po). On peut également semer une deuxième récolte en juillet, bien que les semis de mai donnent généralement de meilleurs résultats. En effet, la laitue affectionne particulièrement les températures fraîches. Quand il fait trop chaud, elle risque de monter en graine.

Mode de culture

Lorsque les plants atteignent environ 10 cm (4 po) de hauteur, éclaircissez-les à tous les 10 ou 12 cm (4 ou 5 po). La laitue pommée et la romaine, pour leur part, doivent être éclaircies à tous les 20 cm (8 po) environ. Comme les laitues aiment les sols meubles, il faut effectuer de fréquents binages au cours de l'été. Attention toutefois de ne pas biner trop près des plants car leurs racines délicates s'endommagent facilement.

Maladies: Elles sont assez rares depuis l'introduction de nouvelles variétés. Exigez toujours cependant des variétés spécifiées résistantes à la maladie.

Insectes: Pucerons: Pulvérisez avec du roténone ou du diazinon. Limaces: Enlevez-les à la main si vous en apercevez, ou encore saupoudrez-les avec du sel.

Le piment doux
Capsicum frutescens

Variétés

Calcom A, 71-74 jours; Midway, 70-72 jours; Bell Boy hybride, 69-71 jours; Géant émeraude, 72-74 jours.

Le semis

Le piment aime les températures chaudes et ne supporte pas la gelée. Comme il prend assez de temps à se développer, la première fois il vaut mieux acheter des plants déjà commencés chez votre pépiniériste. Ceux-ci sont disponibles vers la fin de mai. Espacez chaque plant d'environ 40 cm (15 1/2 po) et laissez environ 70 cm (27 1/2 po) entre les rangs.

Mode de culture

Le piment est assez facile à cultiver. Il demande un sol bien meuble et maintenu humide. Arrosez bien la terre autour des plants durant les périodes de sécheresse et effectuez de fréquents binages afin d'éliminer les mauvaises herbes. Une application d'engrais riche en phosphore est conseillée lorsque les fruits commencent à se former. Enfin, il est préférable de cueillir les piments avant qu'ils ne tournent au rouge.

Maladies: Assez rares.

Insectes: Peu d'insectes s'attaquent au piment. Si vous en apercevez, pulvérisez-les avec du malathion.

Photo: Jardin botanique de Montréal (Roméo Meloche)

Le radis
Raphanus sativus

Variétés

Champion, 23-24 jours; Cavalier, 20 jours; Cherry belle, 23 jours; Déjeuner français, 25 jours; Glaçon, 30 jours.

Le semis

Semez tôt le printemps, dès que la terre peut être travaillée, à une profondeur d'environ 1 cm (1/2 po). Comme les radis sont prêts à être cueillis la quatrième semaine après le semis, on peut s'assurer d'une récolte constante en effectuant de nouveaux semis tous les dix jours. Les semis effectués entre le 1er juillet et le 15 août ont parfois tendance à monter en graine car les radis supportent mal la chaleur.

Mode de culture

Lorsque les jeunes plants atteignent environ 2,5 cm (1 po) de hauteur, éclaircissez-les à tous les 2,5 cm (1 po) de distance. Laissez environ 15 cm (6 po) entre les rangs. Effectuez de fréquents mais légers binages au cours de l'été et maintenez le sol humide. En effet, les radis qui croissent dans un sol trop sec et lourd, seront forts et coriaces (cordés).

Maladies: Aucune vraiment sérieuse.

Insectes: La teigne. Celle-ci creuse des galeries dans les radis. Une application de diazinon en granules dans les sillons (avant de semer) les élimine.

Photo: Jardin botanique de Montréal (Roméo Meloche)

La tomate
Lycopersicon esculentum

La tomate est sans contredit la reine du jardin. Les tomates que l'on cultive soi-même ont un goût bien supérieur aux tomates du supermarché et permettent de réaliser des économies. Il existe deux types de plants de tomates: les plants de forme déterminée et les plants de forme indéterminée. Les premiers poussent comme un petit arbuste et n'ont pas besoin de tuteur. Les seconds sont des plantes grimpantes et doivent être tuteurés.

Variétés de forme déterminée
Rouges: Hybride Springset, 62-65 jours; Hybride «Bigset» de burpee, 75-76 jours; New Yorker, 59-60 jours.

Photo: Jardin botanique de Montréal (Roméo Meloche)

Roses: Championne naine, 75 jours.

Italiennes: Roma, 73-75 jours.

Variétés de forme indéterminée

Rouges: Hybride Fournaise, 53-55 jours; Rouge n° 22, 57-58 jours; Hybride Springset, 62-65 jours; Hybride Selma, 54-55 jours.

Roses: Rose de juin, 63-68 jours; Beauté rose d'automne, 77-80 jours; Hybride rose n° 28, 62-64 jours; Hybride rose n° 6, 61-63 jours.

Italiennes: San Marzano, 75-80 jours.

Tomates miniatures: Tiny Tim, 53-55 jours; Hybride Small Fry, 65 jours.

Tomates retombantes: Hybride Toy boy, 65-68 jours.

Tomates à confitures: Poire jaune, Sugar lump.

Le semis

Comme les plants de tomates exigent une longue saison de végétation et ne tolèrent pas la gelée, il vaut mieux pour une première fois acheter des plants déjà commencés. Ceux-ci sont disponibles chez les pépiniéristes vers la fin de mai. Ne choisissez que des plants forts au feuillage vert foncé. Les plants aux tiges fines et élancées, ou dont les feuilles sont vert pâle, vous donneront de moins bons résultats. *Évitez* aussi les plants vendus dans les supermarchés, les stations-service, les magasins à aubaines, etc. Ces endroits ne disposent pas du personnel compétent pour s'occuper des plantes. Les plants sont laissés à sécher en plein soleil, ils manquent d'eau et d'engrais et sont souvent infestés d'insectes. Bref, quand vous les transplantez chez vous ils sont presque morts.

Mode de culture

Le meilleur moment pour planter les jeunes plants de tomates survient vers le 1er juin (ou plus tard selon votre région) soit juste après la dernière gelée.

D'autre part, vos plants seront plus productifs et plus forts si vous les plantez de la façon suivante: creusez une petite tranchée et couchez-y le plant de façon que la tige soit enterrée jusqu'aux premières feuilles. Cette méthode s'avère supérieure à la méthode traditionnelle qui consiste à planter le plant droit.

Si vous plantez des variétés à forme indéterminée (grimpantes) il serait bon de mettre le tuteur en place dès maintenant; plus tard, vous risquez d'endommager les racines. Utilisez des tuteurs de bambou de 2 m (6 1/2 pi) de long, et enfoncez-les à environ 20 cm (8 po) dans le sol. Espacez chaque plant d'environ 80 cm (31 1/2 po) et les rangs de 1 m (3 1/4 pi). Les plants des variétés déterminées doivent être espacés d'un peu plus de 1 m (3 1/4 pi); espacez aussi les rangs de 1 m (3 1/4 pi).

L'enlèvement des gourmands

Les tomates ont la particularité de produire des gourmands. Ceux-ci apparaissent à l'endroit où les feuilles se rattachent à la tige. Il faut les enlever dès qu'ils apparaissent car ces gourmands ne produisent que peu de fruits et puisent trop de sève (voir illustration).

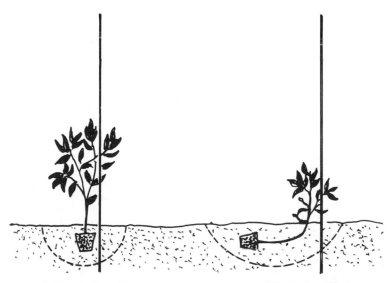

Méthode traditionnelle   Méthode plus efficace

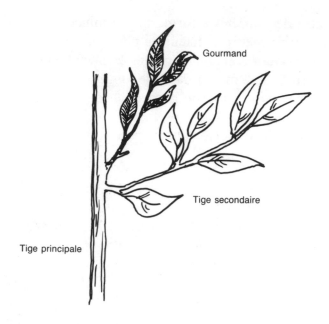

Enlevez les gourmands à la jonction de la tige et de la branche dès qu'ils apparaissent.

Enfin il est recommandé d'appliquer un engrais de type 6-9-6 au moment où les fruits apparaissent. À l'automne, après les premières gelées, cueillez toutes les tomates vertes restées sur les plants, enroulez-les dans du papier journal, et placez-les dans un endroit sec. Elles mûriront d'elles-mêmes et vous pourrez peut-être avoir encore de belles tomates jusqu'en novembre.

3 Les maladies et les insectes

Tôt ou tard vous aurez la mauvaise surprise de découvrir que les feuilles de certains plants se transforment en dentelle ou que certains fruits sont troués, que des feuilles jaunissent et s'enroulent, des tiges se cassent, des fruits se couvrent de taches de rousseur, etc. Vous n'êtes désormais plus seul à vous intéresser à votre jardin: des insectes, et peut-être certaines maladies, sont venus vous tenir compagnie.

Les parasiticides

On nomme parasiticide ou pesticide toute préparation destinée à éliminer les ennemis des cultures, en général, soit les insectes, les maladies et les mauvaises herbes. Leur utilisation contre les parasites est indispensable à la réussite d'un jardin potager. On peut se les procurer chez les pépiniéristes et dans les centres de jardinage. Ils sont vendus sous forme de poudre, de poudre mouillable, d'émulsion, de granules ou d'aérosols. Voyons maintenant un peu plus en détail l'utilité de chacun d'entre eux.

Les insecticides

Le nom le dit, ils servent à tuer les insectes. Il en existe deux types différents. Les *insecticides botaniques*, dérivés de certaines plantes, éliminent les insectes mais sont sans danger pour les animaux et les humains. Les *insecticides chimiques,* à base de produits chimiques, sont toxiques pour les animaux et les humains. Utilisez-les avec prudence. De plus, certains de ces insecticides chimiques sont appelés *systémiques,* c'est-à-dire qu'ils pénètrent dans la plante et se mélangent à la sève. Il faut donc attendre au moins *dix jours* avant de consommer des légumes traités avec ces substances. Pour tous les autres insecticides, une bonne douche à l'eau fraîche suffit pour en enlever les résidus sur les feuilles et les fruits.

Quelques insecticides sécuritaires et d'application facile

Botaniques (naturels)

Roténone: dérivé de plantes tropicales, ce poison doux détruit la majeure partie des insectes de jardin.

Au cours d'un été, plusieurs générations de piérides peuvent réduire un chou à ce piteux état.

Photos: Service de la recherche en défense des cultures, Agriculture Québec.

Grâce à un insecticide approprié, on évite facilement tout dégât majeur.
Photo: Jardin botanique de Montréal (Roméo Meloche)

Pyréthrum: dérivé d'une fleur, il est efficace contre un bon nombre d'insectes.

Chimiques

Diazinon: surtout efficace contre les insectes broyeurs (chenilles, vers gris, etc.).

Malathion: surtout efficace contre les insectes suceurs (pucerons, cochenilles, araignées rouges, etc.).

Cygon 2E (systémique): très efficace pour la plupart des insectes suceurs et piqueurs. *À utiliser avec précaution.*

Les fongicides

Ces parasiticides sont destinés à enrayer les maladies fongiques comme le mildiou, la fonte du semis, la pourriture. On les applique dans la terre en semant les graines ou, en période de croissance, sur les plants affectés. Des applications préventives périodiques sont encore le meilleur moyen d'éviter les maladies. Notez enfin que les maladies virales (transmises par un virus) et les maladies bactériennes ne peuvent être guéries par les fongicides.

Quelques fongicides

Captan, thiram, sulfate de zinc, Maneb, No-Damp, extrait de soufre.

Les herbicides

Ils servent à détruire les mauvaises herbes ou toute autre végétation indésirable. Ne vous en servez pas dans le jardin.

Note sur les parasiticides

Quel que soit le genre de parasiticide employé, lisez toujours l'étiquette du fabricant avant de vous en servir et suivez les directives à la lettre. Une dose trop forte peut ruiner en quelques instants tous vos efforts. Lavez toujours les fruits et les légumes à grande eau avant de les consommer afin d'enlever les résidus de pesticides. Si vous disposez d'un très petit jardin, les parasiticides en poudre feront parfaitement l'affaire. Pour un jardin plus grand, les liquides, les poudres mouillables et les émulsions sont à conseiller car ils reviennent moins chers à l'usage. Les bombes aérosols sont à déconseiller; elles

Noctuelles
Photo: Service de la recherche en défense des cultures, Agriculture Québec.

sont moins efficaces et coûtent terriblement cher à l'usage. Toutefois, les produits contenant à la fois un insecticide et un fongicide sont parfaitement recommandables et vous simplifient la tâche.

Enfin, il vaut toujours mieux appliquer les parasiticides tôt le matin ou en début de soirée. Ne vous en servez pas en plein soleil pendant les fortes chaleurs.

Les insectes nuisibles

Coccinelle mexicaine: s'attaque principalement aux plants de haricots et donne aux feuilles l'aspect de dentelle.

Le doryphore du Colorado: cet insecte jaune strié de noir s'attaque aux pommes de terre, aux tomates et aux aubergines.

Larve de doryphore
Photo: Service de la recherche en défense des cultures, Agriculture Québec.

La limace: cette bestiole repoussante mange les tiges et les racines à la faveur de la nuit.

Les mouches blanches: elles se sauvent et forment un nuage lorsqu'elles sont dérangées. Fréquentes autour des plants de tomates.

Les perceurs de la courge: cette larve creuse des tunnels dans les tiges des plants de courge et de citrouille. Elle s'attaque aussi aux carottes.

Les pucerons: petits insectes verts ou rouges qui sucent la sève et s'agglomèrent en grappes. Ils s'attaquent à plusieurs légumes.

Le scarabée du concombre: insecte blanc strié de noir. Il affectionne les jeunes fruits des plants de concombre, de courges et de melons. Il s'attaque aussi aux pois et aux haricots.

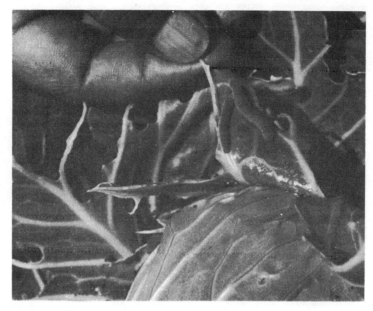

Larves de piéride
Photos: Service de la recherche en défense des cultures, Agriculture Québec.

Le sphinx de la tomate: ce gros ver de couleur verte se nourrit des feuilles des plants de tomates et de piments.

Le ver du chou: il mange les feuilles des choux, des choux de Bruxelles, et autres du même genre.

Le ver gris: ce ver vit dans le sol le jour et sort la nuit pour se nourrir. Il coupe les jeunes tiges comme une scie.

Les maladies

La fonte du semis: maladie qui attaque les semences lors de leur germination. Souvent les jeunes plants meurent au moment où ils sortent de terre.

La brûlure: maladie fongique. Des taches en long, brunes ou orangées, se forment sur les tiges et les feuilles. Le feuillage

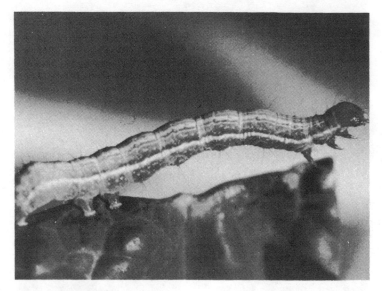

Arpenteuses des crucifères
Photo: Service de la recherche en défense des cultures, Agriculture Québec.

Dégâts causés par les vers des racines
Photo: Service de la recherche en défense des cultures, Agriculture Québec

Punaise terne
Photo: Keystone

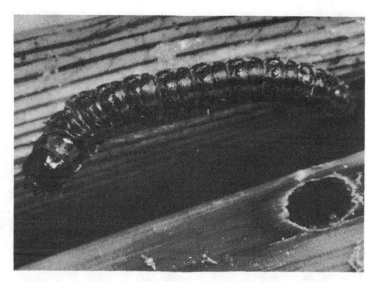

Pyrale de maïs

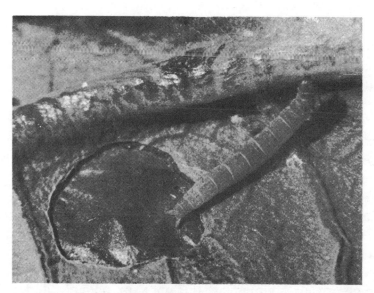

Larve et dégâts de teigne des crucifères
Photos: Service de la recherche en défense des cultures, Agriculture Québec.

Mildiou de la pomme de terre
Photo: Service de la recherche en défense des cultures, Agriculture Québec.

jaunit et sèche. Les plants prennent une allure rabougrie. Cette maladie s'attaque en particulier aux asperges, aux carottes, à la laitue et aux pommes de terre.

L'anthracnose: taches sur certains légumes, de couleur rouille ou rouge-brun. Ces taches sont purulentes sur les concombres. Cette maladie attaque les haricots, les concombres, les courges, les melons et les tomates.

La mosaïque: cette maladie virale donne au feuillage un aspect bariolé de vert pâle et de vert foncé, parfois aussi de jaune et de rouge. Les plants deviennent très faibles et la récolte, presque nulle. Cette maladie s'attaque surtout aux haricots, aux concombres, aux courges, aux melons, aux pommes de terre et aux tomates.

Le mildiou: les feuilles, puis les tiges et les fruits se couvrent d'une fine poudre blanche (mildiou poudreux) ou de taches jaunes ou brunes. Les feuilles atteintes sèchent et tombent, et les fruits ont tendance à se couvrir de gales.

Comment prévenir les maladies

Il est possible de prévenir dans une certaine mesure l'apparition des maladies en respectant les quelques règles suivantes:

1. N'achetez que des semences ou des plants de toute première qualité, portant la mention *résistantes aux maladies.* Les plants achetés à bon marché sont souvent de mauvaise qualité et sujets aux maladies.

2. Enlevez les mauvaises herbes autour des plants dès leur apparition. En effet, les mauvaises herbes sont souvent porteuses de maladies.

3. Nettoyez fréquemment vos outils. Les outils rouillés et mal entretenus peuvent transmettre certaines maladies.

4. Éliminez les insectes dès leur apparition. Ils sont un des principaux facteurs de transmission des maladies.

5. N'humectez pas trop le feuillage des plants, surtout le soir, et ne manipulez pas les plants lorsqu'ils sont mouillés.

6. Pratiquez la rotation des cultures. La rotation des cultures consiste à ne pas cultiver les mêmes légumes aux mêmes endroits plus de deux années de suite. Par exemple, là où vous cultiviez des tomates l'année passée, semez des échalotes ou de la laitue cette année, et plantez vos plants de tomates ailleurs.

7. Une application préventive de diazinon et de captan dans le sol, tôt le printemps, éliminera bon nombre de bactéries et de maladies.

4 Le calendrier des soins

Février - Mars

Les pépiniéristes et les marchands graincticrs ont reçu pour la plupart, à cette date, leur stock de semences. C'est alors que le choix est le plus grand. Une visite à la pépinière vous permettra de choisir vos semences parmi les meilleures variétés. Songez aux légumes que vous voulez cultiver et achetez vos semences dès maintenant. Profitez-en pour tracer le plan de votre futur jardin, selon l'espace dont vous disposez et l'importance des cultures que vous comptez faire. Achetez aussi les outils qui vous manquent pendant que le choix est bon et que les magasins sont peu achalandés. Achetez-vous un bon livre sur la culture potagère (ce que vous avez fait puisque vous lisez ces lignes). Lorsque le temps du jardinage arrivera, vous aurez acquis un bagage de connaissances suffisant pour pouvoir cultiver vous-même vos légumes avec beaucoup de succès.

Avril

Dès que la neige sera complètement disparue, râtelez les feuilles mortes sur le terrain. Dès que le sol s'est suffisamment essoré, généralement dans la dernière semaine d'avril, commencez à bêcher la terre. Si la terre est trop trempée, attendez encore une semaine. Profitez de ce moment d'attente pour acheter les engrais, la mousse de tourbe, le sable, etc., afin d'avoir tout à portée de la main le moment venu.

Profitez-en aussi pour nettoyer vos outils que vous aviez rangés pour l'hiver. S'ils sont un peu rouillés, nettoyez-les avec un chiffon imbibé d'huile.

Mai

1re et 2e semaines. Le sol est maintenant prêt à être bêché. Enlevez soigneusement les mauvaises herbes, c'est à ce moment qu'elles sont le plus faciles à enlever; ainsi cela vous évitera beaucoup de travail durant les mois d'été. Le meilleur moment pour semer les légumes survient lorsque les bourgeons des lilas commencent à se gonfler, soit à la fin de la première semaine de mai. Semez dès maintenant les carottes, les radis, la laitue et la ciboulette.

Il est recommandé d'appliquer un fongicide en poudre sur les sillons juste avant de semer, afin de prévenir les maladies fongiques et la fonte du semis.

3e semaine. Achetez vos plants de tomates, de concombres et de piments pendant que le choix est grand. Ne les plantez pas tout de suite cependant, même s'il fait chaud. Une gelée tardive peut encore survenir. Laissez-les dehors le jour en prenant soin qu'ils ne se dessèchent pas. Si la radio annonce un risque de gel pendant la nuit, rentrez vos plants dans la maison et sortez-les le lendemain ou dès qu'il fera assez chaud. Semez une seconde récolte de radis.

4e semaine. Vous pouvez commencer à planter vos tomates et autres plants délicats. Semez également une première récolte de haricots et la deuxième de carottes.

Juin

1re semaine. Votre première récolte de radis devrait être prête à cueillir. Arrachez-les, bêchez la terre et semez votre troisième récolte à cet endroit. C'est aussi le moment d'éclaircir les carottes, la laitue et la ciboulette.

Appliquez un insecticide-fongicide dès maintenant, même s'il n'y a aucun signe de maladie ou d'insecte. Enlevez les mauvaises herbes s'il y en a. S'il survenait une gelée tardive, ce qui est de plus en plus fréquent depuis quelques années, couvrez les plants de tomates, de haricots, de concombres et de piments avec du papier journal. Enlevez le papier le matin suivant et vos légumes seront saufs.

2e semaine. Semez la troisième récolte de carottes. Effectuez un binage autour des plants en prenant soin de ne pas aller trop proche des racines encore fragiles.

3e semaine. Semez encore une autre récolte de radis en utilisant l'espace de ceux que vous venez d'arracher. Semez aussi une seconde récolte de haricots et éclaircissez la première. Vos plants de tomates doivent commencer à grimper (ceux à forme indéterminée), il faut donc les attacher aux tuteurs avec des cure-pipes ou des bas de nylon découpés en lanières. Évitez les broches et les ficelles qui risquent de scier les tiges. Faites de même avec les concombres.

4e semaine. Une nouvelle pulvérisation d'insecticide-fongicide est opportune. Semez la quatrième récolte de carottes. La première récolte devrait être prête pour consommation. Les premiers gourmands commencent sans doute à apparaître sur les plants de tomates; enlevez-les dès leur apparition.

Juillet

1re semaine. C'est le temps d'appliquer un engrais complet de type 6-9-6 ou 5-10-15 dans tout le jardin. N'allez cependant pas trop près des plants. Semez aussi une troisième récolte de haricots. La première récolte devrait être prête à être consommée.

2e semaine. Éclaircissez sans tarder tous les plants de légumes de la deuxième récolte si vous ne l'avez pas déjà fait.

3e semaine. Semez une dernière récolte de carottes. Enlevez les plants de haricots qui ont fini de produire.

4e semaine. Semez une dernière récolte de haricots. Effectuez un binage si le besoin s'en fait sentir. Si le temps est très sec, arrosez les plants copieusement. Une application d'insecticide-fongicide ne fera certainement pas de tort.

Août

C'est la période d'abondance dans le jardin. Le travail à cette époque consiste à enlever les mauvaises herbes, à surveiller la présence toujours possible d'insectes et de maladies, et à arroser si le temps est trop sec. Cueillez les fruits dès qu'ils sont suffisamment mûrs, afin de hâter l'apparition de nouvelles fleurs. Vers le 15 août, vous pourrez faire un nouveau semis de radis et de laitue car les soirées plus fraîches le permettent. N'oubliez pas d'enlever les gourmands sur les plants de tomates.

Septembre

Les légumes mûrissent encore; continuez à les entretenir. Arrachez les plants de haricots qui ont fini de produire et les vieux plants de laitue montés en graine. Une dernière récolte de radis peut être semée durant la première semaine de septembre. S'il survient une gelée hâtive, couvrez vos plants avec du papier journal, comme vous l'aviez fait en juin. Une précieuse période de chaleur suit habituellement les premières gelées bénignes.

Octobre

Vos plants ont fini de produire, sauf peut-être quelques plants de radis, de carottes, de laitue et de ciboulette. Arrachez complètement les plants de tomates, de concombres, de piments et de haricots. Les tomates vertes encore sur le plant peuvent être laissées à mûrir, enroulées dans un papier journal, dans une pièce sèche.

Novembre

Arrachez tous les plants encore au jardin et ne laissez que les plants de ciboulette vivaces. Labourez profondément le sol et saupoudrez-le de captan et de diazinon. Nettoyez et rangez tous vos outils. Si vous avez oublié les tomates que vous aviez rangées dans le papier journal, courez vite les chercher; elles sont probablement encore bonnes.

Enfin, lors de votre prochaine visite au supermarché, n'oubliez pas d'acheter des légumes... ça doit faire longtemps que vous en avez perdu l'habitude!

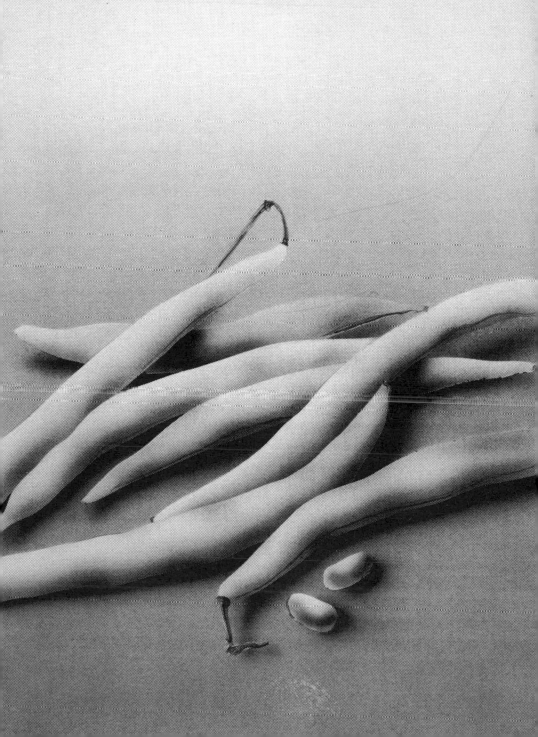

DEUXIÈME PARTIE

Le potager du jardinier intermédiaire

Maintenant que vous possédez les rudiments de la culture potagère vous éprouvez sans doute le besoin d'agrandir votre jardin, de diversifier vos cultures et de vous adonner à des
expériences nouvelles. La culture de certains légumes, tels les
tomates et les concombres que vous achetiez en plants vers la
fin de mai, peut être commencée à l'intérieur en mars. Il serait
peut-être intéressant que vous vous y essayiez. Cette méthode
vous permet — avantage appréciable — de choisir vous-même
les variétés qui vous intéressent le plus.

D'autre part, certains légumes, comme les oignons, les betteraves, les choux, etc., dont la culture ne vous semblait pas
essentielle au début, s'avèrent intéressants et profitables à cultiver. Certains de ces légumes ont avantage à être commencés
à l'intérieur pour de meilleurs résultats. C'est donc à ce mode
de culture que nous allons nous intéresser dans les prochaines
pages.

1 Les semis d'intérieur

L'emplacement

La première chose à considérer lorsque vous désirez réussir des semis à l'intérieur est la lumière dont vous disposez. Les jeunes plants exigent, pour bien se développer, un minimum de quatre heures de soleil par jour. L'idéal serait évidemment une serre ou un solarium, sinon une fenêtre orientée vers le sud fera l'affaire.

En second lieu, il vous faut considérer l'espace disponible. Si la seule fenêtre suffisamment éclairée dont vous disposez se trouve dans votre salon, aussi bien renoncer tout de suite. Les semis exigent assez d'espace; vous risquez de répandre de l'eau ou de la terre lors des manipulations; et, de toute façon, des boîtes remplies de plants de tomates ne sont pas très élégantes au milieu d'un salon ou d'une chambre à coucher. Nous verrons d'ailleurs, plus loin, deux autres méthodes pouvant suppléer au manque d'espace ou d'éclairage, soit: les couches chaudes et la culture sous éclairage artificiel.

La température

La température la plus favorable à la croissance des plants de légumes se situe à environ 20°C à 23°C (68°F à 73°F) le jour,

Pastille sèche

Le jeune plant prêt
pour la transplantation

Une fois mouillée,
la pastille se transforme en pot.

et à 15°C à 18°C (59°F à 64°F) la nuit. Une température trop chaude fait pousser les plants «en orgueil», c'est-à-dire que les tiges deviennent longues et faibles, ce qui produira des plants de moins bonne qualité pour le jardin.

Les accessoires

Les disques de culture

Si vous n'avez que quelques plants à commencer, je vous suggère d'utiliser les disques de culture. Ces disques sont vendus dans toutes les pépinières et sont présentés sous forme de pastilles. Il suffit d'ajouter de l'eau pour que la pastille se gonfle et se transforme en un pot cylindrique de 5 cm (2 po) de hauteur sur 4 cm (1 1/2 po) de largeur. Ce genre de pot est déjà rempli de mousse de tourbe préfertilisée, ce qui élimine l'achat de terreau et d'engrais. Le disque de culture est idéal pour la plupart des légumes, mais il est un peu trop petit pour contenir les plants de tomates, de concombres et de piments.

Les pots de tourbe pressée

Les pots de tourbe pressée sont de plus en plus populaires. En effet, ils possèdent l'avantage de laisser passer les racines à travers les parois. Lorsque vient le temps de transplanter les jeunes plants à l'extérieur, vous n'avez qu'à creuser un trou et à mettre le pot en entier en plcine terre, éliminant du même coup le choc de la transplantation. Ces pots sont bon marché et sont offerts en plusieurs formats. Les pots de forme carrée de 8 cm^2 (3 po^2) sont le plus souvent utilisés.

Les bacs ou boîtes à semis

Vous aurez besoin de bacs étanches pour contenir les disques de culture ou les pots de tourbe. Des moules à gâteaux en aluminium peuvent faire l'affaire. Les pépinières et les centres de jardinage offrent aussi des bacs en plastique rigide très pratiques. Ces derniers sont certainement les plus recommandables puisqu'ils ne rouillent pas et peuvent durer plusieurs années.

Les étiquettes

En bois ou en plastique, ces étiquettes sont très utiles pour identifier les semis. Un plant de tomate rose ressemble étrangement à un plant de tomate rouge. Si vous ne prenez pas soin d'étiqueter vos semis dès le début, vous verrez que, très vite, vous ne vous y retrouverez plus. Étiquetez bien chaque boîte de pots afin d'éviter les mélanges.

Le terreau

Le terreau dans lequel vous sèmerez vos plants doit être de bonne qualité. Dans les centres de jardinage et chez les pépiniéristes on vend des terreaux tout préparés et, le plus souvent, déjà fertilisés. Toutefois, si vous comptez semer beaucoup de plants, il devient moins coûteux de préparer votre terreau vous-même. Il vous faut alors de la terre à jardinage, de la mousse de tourbe et du sable grossier. Vous trouverez ces trois matériaux chez votre pépiniériste. Choisissez toujours des sacs de terre préalablement stérilisée afin d'éliminer les mauvaises herbes et surtout les risques de maladies que contient la terre non stérilisée. Le mélange le plus approprié à la culture des semis se compose d'une partie de terre, d'une partie de sable et d'une partie de mousse de tourbe. Mélangez bien ces trois éléments et emplissez les pots aux quatre cinquièmes.

Comment faire les semis

Commencer des plants en pots de tourbe n'a rien de compliqué. Il suffit d'un peu de vigilance pour veiller à ce que les pots ne se dessèchent pas et à tailler les plants au moment venu. Les semis d'intérieur se commencent en mars. Vos semences sont déjà achetées depuis février et vos pots déjà remplis aux quatre cinquièmes d'un bon terreau. Commencez par arroser copieusement chaque pot avec de l'eau enrichie d'engrais soluble. Un engrais soluble est un engrais généralement présenté en poudre et que l'on dissout dans l'eau. Ce type d'engrais est immédiatement assimilable par les plantes et facile à appliquer. Mouillez soigneusement la terre des pots. L'excès d'eau s'échappera par les parois. Déposez ensuite trois graines par pot, sur la surface du terreau, et recouvrez le tout de 6 mm (1/4 po) de mousse de tourbe. Les graines très fines, comme celles de la laitue, ne seront que légèrement saupoudrées de

La boîte contenant les pots de tourbe est enfermée hermétiquement dans un sac de plastique. Pour éviter qu'il ne s'affaisse sur les plants, placez des morceaux de bois aux quatre coins.

mousse, tandis que les graines plus volumineuses de concombres, de tomates, etc., doivent être enterrées à environ 1 cm (1/2 po) puis recouvertes de 6 mm (1/4 po) de mousse. Arrosez encore un peu, doucement, avec un jet en brume si possible, afin d'humecter la mousse de tourbe.

La seconde opération consiste à enfermer chaque boîte à semis (contenant les pots) dans un sac en plastique fermé hermétiquement. La petite serre ainsi créée retiendra l'humidité à l'intérieur et vous évitera de devoir humecter les plants tous les jours. Dans une ou deux semaines, selon les espèces de légumes, les jeunes plants sortiront de terre. Percez alors quelques trous dans les sacs afin d'assurer une meilleure ventilation des semis. Veillez à ce que les pots demeurent constamment humides. Lorsque les plants auront atteint le sommet du sac, retirez celui-ci. Profitez de ce moment pour appliquer une autre dose d'engrais soluble. De plus, comme vous avez semé trois plants par pot, choisissez celui des trois qui vous semble le plus fort, et coupez les deux autres avec une paire de ciseaux. Il vaut mieux, en effet, les couper que de tenter de les arracher et risquer ainsi d'endommager les racines du plant qui reste. Pour les plants de tomates, de concombres, de piments, etc., lesquels possèdent une tige, contrairement aux laitues, aux choux

Dès que les plants atteignent de 8 à 10 cm (de 3 à 4 po) de hauteur, il faut pincer le bourgeon terminal.

et aux oignons dont les feuilles se développent en rosette, il convient de «pincer» le bourgeon terminal de chaque plant lorsqu'il atteint de 8 à 10 cm (de 3 à 4 po). Généralement, cette opération coïncide avec l'enlèvement du sac de plastique. Le terme «pincer» signifie enlever le bourgeon terminal (au sommet de la tige) à l'aide des ongles du pouce et de l'index, comme lorsque l'on pince quelqu'un. Cette opération permet au plant de développer des branches latérales et favorise le renforcement de la tige.

La suite est fort simple, il suffit de regarder croître vos plants en grâce, en sagesse et en beauté. Maintenez les pots humides et aspergez le feuillage avec de l'eau tiède tous les jours. Une vieille bouteille de nettoyeur à vitres munie d'un gicleur fera l'affaire. Rincez bien la bouteille afin d'enlever toute trace de liquide. Il arrive quelquefois, au mois de mai, lorsqu'il fait chaud à l'extérieur et que vous commencez à ouvrir les fenêtres, que certains insectes puissent s'infiltrer et attaquer vos plants. Un insecticide en aérosol pour plantes d'intérieur suffira à les détruire. Enfin, comme les plants auront tendance à s'orienter constamment vers la fenêtre, il faudra veiller à tourner les pots d'environ un quart de tour tous les jours afin qu'ils se développent également de tous les côtés. Si vous négligez ce petit détail, vos plants pousseront inclinés et seront plus faibles.

La période de transition

Vos jeunes plants de légumes ont grandi dans un milieu où les conditions climatiques étaient stables. Les températures varient très peu le jour et la nuit, il n'y a pas de vent et les arrosages en brume sont réguliers et doux. Les plants ainsi traités risquent de subir une espèce de crise cardiaque si vous les plantez à l'extérieur sans transition. Les nuits encore froides, les pluies violentes et le vent fréquent à cette époque peuvent ruiner d'un coup tous vos efforts. Il vaut donc mieux acclimater vos plants graduellement au milieu extérieur environ dix jours avant leur mise en pleine terre. Sortez les boîtes le matin et placez-les dans un endroit partiellement ensoleillé, à l'abri du vent. Surveillez-les de temps en temps car les pots se dessécheront plus vite à l'extérieur. Rentrez-les le soir au coucher du soleil. Après quelques jours, si les nuits sont assez chaudes (minimum 10°C [50°F]), laissez-les définitivement dehors. Les plants pourront ensuite être mis en pleine terre avec le minimum de risques.

La plantation

Lorsque vient le temps de la plantation, creusez des trous dans les rangs en laissant la distance recommandée entre chaque plant. Plantez le pot au complet de façon que la surface du sol recouvre le dessus du pot d'environ 1 cm (1/2 po). Terminez en arrosant copieusement.

L'utilisation de la lumière artificielle

Ce type d'éclairage convient particulièrement bien aux sous-sols ou à tout autre endroit qui ne bénéficie pas d'un éclairage naturel (ensoleillé) suffisant. Les plants de légumes s'accommodent bien de la lumière artificielle. L'éclairage artificiel signifie, en ce qui nous concerne ici, l'emploi de tubes fluorescents. Les ampoules incandescentes ordinaires ne conviennent pas à la culture des légumes.

Chez les plus importants pépiniéristes et dans les centres de jardinage, on offre des jardinières munies de tubes fluorescents et de réflecteurs. Ces installations toutes prêtes peuvent être très utiles à ceux qui cultivent une petite quantité de plants.

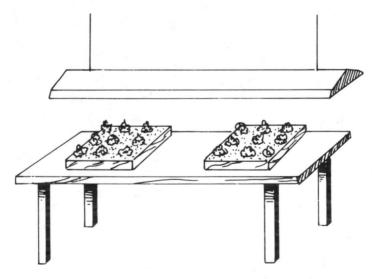

Assurez-vous qu'il existe toujours de 10 à 15 cm (de 4 à 6 po) entre les tubes et la tête des plantes.

Toutefois, si vous envisagez de commencer vos plants sur une plus grande échelle, il devient beaucoup moins coûteux de fabriquer vous-même votre installation. Vous n'aurez qu'à installer vos boîtes à semis sur une ou plusieurs tables au-dessus desquelles seront fixés les tubes fluorescents (néons). Les pépinières, les centres de jardinage, les quincailleries et les grands magasins offrent un bon choix de lampes fluorescentes. Choisissez toujours des lampes munies d'un réflecteur afin de pouvoir concentrer adéquatement la lumière. D'autre part, il existe plusieurs types de tubes fluorescents: lumière du jour, blanc frais, lumière rose, etc. Une combinaison d'un tube «blanc frais» et d'un tube «lumière du jour» par lampe est assez efficace. Enfin, il existe maintenant sur le marché des tubes spécialement conçus pour la culture des plantes. Ils coûtent un peu plus cher mais ils donnent un rendement amélioré.

L'installation des lampes

Les tubes doivent être placés à environ 10 à 15 cm (4 à 6 po) au dessus de la tête des plants. Certains tubes à culture doivent être placés plus haut. Suivez les directives du fabricant à cet effet. Comme les plants sont appelés à grandir, il faudra prévoir un système permettant de hausser les tubes à mesure que les plants croissent. Des chaînes fixées au plafond, des câbles avec poulies ou des tiges de métal fixées à la table et percées de trous sont les systèmes les plus faciles à réaliser.

Le mode de culture

Il ne diffère pas du mode de culture à la lumière solaire. Toutefois, la durée de l'éclairage chaque jour doit être plus longue. Laissez les lampes allumées pendant environ 14 à 16 heures par jour. Maintenez les pots humides et vaporisez de l'eau sur le feuillage de temps en temps.

L'utilisation des tentes chaudes

Il est possible de prolonger quelque peu la saison de croissance à l'extérieur grâce aux tentes chaudes. Cette pratique s'avère utile pour hâter la croissance des légumes semés par temps frais au début de mai, et également pour protéger les plants fragiles de concombres, de tomates, de piments, etc., contre les gelées tardives. Les tentes chaudes sont disponibles chez les pépiniéristes et dans les centres de jardinage. Leur format est variable. On les installe en faisant les semis ou lors de la mise en place de plants délicats. Ces petites tentes permettent de planter les tomates, les concombres et d'autres plants fragiles, environ deux semaines plus tôt. La chaleur s'accumule sous la tente pendant le jour et maintient le plant au chaud pour la nuit. Toutefois, si la température extérieure grimpe au-delà de 20°C (68°F), il vaut mieux (s'il fait soleil) soulever les tentes à l'aide d'un bâton. Si vous négligez de le faire, la température à l'intérieur deviendra excessive et brûlera les semis. Refermez les tentes en fin d'après-midi si la nuit s'annonce froide.

Les couches froides

Les couches froides, tout comme les couches chaudes, visent à prolonger la saison de croissance. On les appelle couches froides par opposition aux *couches chaudes* chauffées artificiellement dont nous parlerons plus loin.

Les couches froides s'installent au début de mai, de préférence près d'un mur ou du solage orientés vers le sud. Il faut préparer la terre de la même façon que pour le jardin permanent et recouvrir ensuite l'endroit à cultiver d'un châssis de verre ou de plastique transparent. On y sème les graines en rangées de la façon habituelle. L'important avec ce genre de couches consiste à surveiller la température afin qu'il n'y gèle pas la nuit ou qu'il y fasse trop chaud le jour. Il est préférable

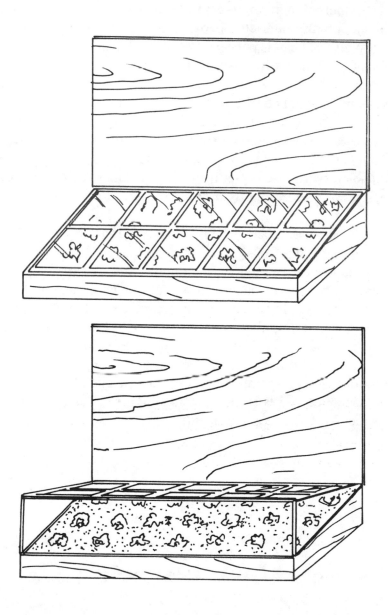

Disposez la couche froide contre un mur orienté au sud. Au cours de la journée, si la température dépasse 20°C (68°F), entrouvrez le châssis.

d'installer un thermomètre à l'intérieur de la couche. Lorsque la température intérieure dépasse 20°C (68°F) le jour, il faut entrouvrir le châssis pour permettre une bonne aération. Refermez le châssis en fin d'après-midi lorsque le soleil est moins brûlant. S'il survient une chute de neige (fréquente en mai) ou si la nuit s'annonce froide, recouvrez le châssis de vieux morceaux de tapis. Enfin, pendant la première semaine de croissance des jeunes plants, il est préférable de couvrir le châssis d'un coton à fromage ou d'un tissu semi-opaque. Les rayons du soleil peuvent en effet brûler en quelques instants les jeunes semis. Retirez le tissu après sept ou huit jours.

D'autre part, la couche froide peut aussi servir à acclimater les plants que vous avez commencés à l'intérieur, en mars. Les plants de concombres, de tomates, de piments, etc., peuvent être placés en couche froide environ deux semaines avant leur mise en pleine terre. Les plants de laitue, de choux, d'oignons, etc., que vous avez cultivés à même le sol doivent être transplantés avec soin. Effectuez l'opération vers la fin de l'après-midi ou par une journée sans soleil afin de minimiser le choc de la transplantation. Déplantez chaque plant au moyen du déplantoir, en laissant une bonne motte de terre autour des racines. Arrosez copieusement.

2 La culture des légumes

L'asperge
Asparagus officinalis

Variété
Mary Washington amélioré (Vicking).

L'asperge est une plante vivace, c'est-à-dire qu'elle repousse d'elle-même à chaque printemps. Il faut donc prévoir un endroit où les plants seront installés en permanence. Comme l'asperge atteint près de 2 m (6 1/2 pi) de hauteur au cours de l'été, il faut prendre garde qu'elle n'ombrage pas tout le jardin. Cette plante fort décorative met trois ans à atteindre la maturité, à partir du semis. Il est donc préférable d'acheter à la pépinière des plants de un an, lesquels commenceront à produire l'année suivante. Plantez-les tôt au printemps en rangs espacés de 1 m (3 1/4 pi), et laissez environ 45 cm (18 po) entre chaque plant.

Appliquez un engrais complet au cours de l'été et effectuez de fréquents binages. L'asperge préfère, en effet, une terre légère, riche et exempte de mauvaises herbes.

La récolte
La récolte se fait le printemps suivant lorsque les jeunes pousses sortent de terre. Coupez-les au niveau du sol dès qu'elles

atteignent environ 15 cm de hauteur. De nouvelles tiges apparaîtront bientôt. Coupez-les de la même façon et ainsi de suite pendant une période de cinq à huit semaines, selon la vigueur de la plante. Lorsque les nouvelles tiges deviennent plus frêles et moins abondantes, cessez la coupe.

Il ne faut pas couper le feuillage pendant l'été, car la plante en a besoin pour se régénérer et préparer la récolte du printemps suivant. Appliquez un engrais complet immédiatement après la dernière récolte afin d'encourager une repousse vigoureuse.

Maladies: La rouille est heureusement de plus en plus rare depuis l'introduction de variétés résistantes. Veillez toujours à ce que les rangs d'asperges soient libres de mauvaises herbes.

Insectes: Criocères de l'asperge. Traitez au diazinon.

L'aubergine
Solanum melongena

Variétés
Hybride Dusky, 60-62 jours; Hybride Black Nite, 60-70 jours; Beauté africaine, 80 jours; Hybride n° 25, 60 jours.

Le semis
Commencez les plants à l'intérieur en février. Utilisez des pots de tourbe de 8 cm (3 po) de diamètre, et semez trois graines par pot à environ 1 cm (1/2 po) de profondeur.

Mode de culture
Lorsque les plants atteignent de 6 à 8 cm (de 2 1/2 à 3 po) de hauteur, ne conservez qu'un seul plant fort par pot et fertilisez

avec un engrais soluble. Plantez les pots en pleine terre, au début de juin, en rangs espacés de 1 m (3 1/4 pi). Laissez 60 cm (24 po) entre chaque plant. Effectuez de fréquents binages au cours de l'été et maintenez le sol humide. Il est bon de fertiliser de nouveau lorsque les fleurs apparaissent. Les aubergines se cueillent lorsque leur pelure devient luisante.

Maladies: Voir la tomate.

Insectes: Voir la tomate.

La betterave
Beta vulgaris

Variétés
Gladiateur, 51 jours; Trianon, 50-52 jours; Détroit rouge foncé améliorée, 55-58 jours; Reine des rubis, 52 jours; Fraise rouge, 50 jours; Formonova, longue 56-58 jours.

Le semis
La betterave est une plante vivace et rustique. On peut donc la semer directement en pleine terre tôt le printemps, dès que la terre peut être travaillée. Semez les graines à environ 1 cm (1/2 po) de profondeur, en rangs espacés d'environ 30 cm (12 po).

Mode de culture
Lorsque les jeunes plants atteignent de 6 à 8 cm (de 2 1/2 à 3 po) de hauteur, éclaircissez-les à tous les 8 cm (3 po) de distance. Effectucz de légers binages au cours de l'été et maintenez le sol humide. La betterave se cueille lorsqu'elle atteint environ 5 cm (2 po) de diamètre. On peut aussi semer vers le

15 juin, en vue d'une seconde récolte. Les betteraves cueillies à l'automne se conservent bien tout l'hiver. Notez, en passant, que les jeunes feuilles de betteraves peuvent être cueillies et mangées comme des épinards.

Maladies: Aucune vraiment sérieuse.

Insectes: Peu d'insectes s'attaquent aux betteraves. Pulvérisez avec du roténone si vous en voyez.

La bette à carde ou poirée
Beta vulgaris cicla

Variétés
Lacullus, 53-55 jours; Fordhook géante, 55-57 jours.

Le semis
Semez en mai en rangs espacés d'environ 50 cm (20 po). Couvrez les graines de 1 cm (1/2 po) de terre.

Mode de culture
Lorsque les plants atteignent 6 cm (2 1/2 po) de hauteur, éclaircissez-les à tous les 15 cm (6 po) de distance. Effectuez de fréquents binages au cours de l'été et maintenez le sol humide. Il est bon d'appliquer un engrais complet au début de juillet. La bette à carde produit tout l'été un beau feuillage veiné blanc ou rouge. Les feuilles délicieuses se mangent comme des épinards. Ne cueillez que les feuilles périphériques de façon que le plant puisse continuer à pousser en conservant continuellement ses feuilles du centre.

Maladies: Aucune.

Insectes: Rien de vraiment nuisible. Si vous en apercevez, pulvérisez au roténone.

Le brocoli
Brassica oleracea Italica

Variétés
Hybride comète verte, 52-55 jours; Waltham n° 29, 60 jours; Extra hâtif, 54-55 jours.

Le semis
Pour une récolte hâtive, commencez les semis à l'intérieur vers la fin de mars. Utilisez des pots de tourbe de 8 cm (3 po) de diamètre et couvrez les graines de 6 mm (1/4 po) de terreau. Comme pour tous les autres semis d'intérieur, semez toujours

Photo: *Jardin botanique de Montréal (Roméo Meloche)*

trois graines par pot. Lorsque les jeunes plants atteignent environ 6 cm (2 1/2 po) de hauteur ne conservez qu'un seul plant fort par pot.

Mode de culture

Transplantez les pots directement en pleine terre au début de mai. Les plants de brocoli ne seront pas affectés par les gelées tardives.

On peut aussi semer de nouveau vers la fin de mai pour une récolte automnale. Au cours de l'été, effectuez de fréquents binages et maintenez le sol humide. Il est bon d'appliquer un engrais complet lorsque les premières ombelles apparaissent. (On appelle «ombelle» le brocoli légume.) Coupez les ombelles avant qu'elles ne se séparent; il s'en formera alors de nouvelles. Si vous tardez trop à cueillir les ombelles, votre brocoli montera en graine.

Maladies: Voir le chou.

Insectes: Voir le chou.

Le céleri
Apium graveolens dulce

Variétés

Pascal d'été Waltham, 115-118 jours; Utah «15» vert, 125-130 jours; Plein blanc doré de Paris, 115 jours; Long vert amel, 125-130 jours.

Le semis

Commencez le semis à l'intérieur au début de mars. Utilisez des pots de tourbe de 5 cm (2 po) de diamètre. Comme la semence est très fine, il ne faut pas la recouvrir de terreau.

Photo: Jardin botanique de Montréal (Roméo Meloche).

Semez directement sur le terreau, quelques graines par pot, et saupoudrez simplement un peu de mousse de tourbe sur les graines. Humectez bien les pots en prenant soin de ne pas laver la semence avec un jet d'eau trop puissant.

Mode de culture

Lorsque les jeunes plants sortent de terre, fertilisez à l'aide d'un engrais soluble complet. Dès que les plants atteignent de 5 à 7 cm (de 2 à 2 3/4 po) de hauteur, ne laissez qu'un seul plant fort par pot. Coupez les plants en trop avec des ciseaux plutôt que de les arracher, afin de ne pas endommager les racines du plant qui restera. Fertilisez de nouveau vers le 1er mai.

Lorsque tout danger de gel est passé, vers le 1er juin, plantez les pots en pleine terre en rangs espacés d'environ 60 cm (24 po). Laissez de 15 à 20 cm (de 6 à 8 po) entre chaque plant. Effectuez de fréquents mais légers binages au cours de l'été, et maintenez le sol humide. Le céleri est habituellement prêt à être cueilli en juillet.

Maladies: Achetez des variétés résistantes.

Insectes: Tordeuses, vers: pulvérisez avec du roténone ou du diazinon.

Le céleri-rave ou céleriac
Apium graveolens rapaceum

Variété
Géant de Prague, 110 jours.

Le tubercule (racine) de ce genre de céleri est délicieux et gagne à être mieux connu. Il vaut vraiment la peine de l'essayer, d'autant plus qu'il est très facile à cultiver.

Le semis
Semez à l'intérieur vers la fin de mars, de la même façon que le céleri. Plantez les pots en pleine terre vers le 1er juin.

Mode de culture
Effectuez de fréquents binages et maintenez le sol humide particulièrement pendant les périodes de sécheresse. En juillet, ou lorsque les tubercules atteignent de 8 à 10 cm (de 3 à 4 po) de diamètre, arrachez les plants et coupez les feuilles et les petites racines.

Maladies: Plutôt rares.

Insectes: Voir le céleri.

Photo: Jardin botanique de Montréal (Roméo Meloche)

Le chou-rave
Brassica caulorapa

Variétés

Blanc hâtif de Vienne, 55 jours; Pourpre hâtif de Vienne, 53-55 jours.

Le semis

Les choux-raves se sèment directement en pleine terre vers la mi-mai. Couvrez les graines d'environ 1 cm (1/2 po) de terre. Espacez les rangs d'environ 45 cm (18 po).

Mode de culture

Lorsque les plants atteignent 6 cm (2 1/2 po) de hauteur, éclaircissez-les à 15 cm (6 po) de distance. Effectuez de fréquents binages et maintenez le sol humide au cours de la croissance. On peut aussi faire un second semis vers la fin de juin pour une récolte en septembre. Enfin, les pommes sont prêtes à être cueillies lorsqu'elles atteignent de 5 à 6 cm (de 2 à 2 1/2 po).

Maladies: Voir le navet.

Insectes: Voir le navet.

Les courges
Cucurbita
Nous groupons ici les courges d'été, les courges d'hiver et les citrouilles.

Variétés
Courges d'été: Jaune croche d'été, 52 jours; Zucchini beauté noire, 60 jours; Syrienne grise, 55 jours; Hybride seneca gourmet, 45-46 jours.

Courges d'hiver: Reine de la table royale, 80 jours; Buttercup, 110 jours; Butternut selection Waltham, 110 jours.

Citrouilles: Jack O'Lantern, 110 jours; Hybride Funny Face, 98-100 jours; Jaune des champs, 115-120 jours; Géante Big Max, 120 jours.

Les courges d'été

Le semis
Semez directement en pleine terre lorsque la température s'est suffisamment réchauffée en fin de mai. Semez en buttes espacées de 1 m (3 1/4 pi) en tous sens. Semez de six à huit graines par butte, à environ 1 cm (1/2 po) de profondeur.

Mode de culture

Lorsque les plants atteignent 8 cm (3 po) de hauteur, ne conservez que trois ou quatre plants forts par butte. Maintenez le sol humide et appliquez un engrais complet lorsque les plants commencent à fleurir. Cueillez les fruits à mesure qu'ils mûrissent afin de prolonger la récolte. Il vaut mieux cueillir les courges tandis que leur pelure est encore lisse.

Les courges d'hiver

Elles se cultivent de la même façon que les premières. Toutefois, comme les plants deviennent assez gros et courent sur le sol, il vaut mieux espacer les buttes de 1,5 cm (3/5 po) et de ne laisser que trois plants forts par butte. Les courges d'hiver se cueillent à la fin de l'été lorsque leur pelure devient épaisse et rugueuse.

Les citrouilles

À déconseiller si votre jardin est petit. Les plants courent sur le sol et prennent énormément d'espace. Distancez les buttes d'environ 2 à 2,5 m (de 6 1/2 à 8 pi) et ne conservez que deux ou trois plants forts par butte. Cueillez les citrouilles juste avant les premières gelées à l'automne.

Maladies: Mélangez un peu de poudre captan au sol en semant les graines, comme moyen de prévention.

Insectes: Perceur de la courge, punaises: pulvérisez avec du roténone ou du méthoxychlor. Pucerons: pulvérisez au malathion ou au diazinon.

Photo: *Jardin botanique de Montréal (Roméo Meloche).*

Les épinards
Spinacia oleracea

Variétés

Merveilleux, 45 jours; America, 50-52 jours; Nouvelle-Zélande, 55 jours; un genre différent d'épinards.

Le semis

Semez tôt le printemps, dès que la terre peut être travaillée, en rangs espacés de 35 cm (13 1/2 po). Semez les graines à environ 1 cm (1/2 po) de profondeur.

Mode de culture

Lorsque les plants atteignent environ 6 cm (2 1/2 po) de hauteur, éclaircissez-les à tous les 10 cm (4 po) (15 cm [6 po] pour la variété de la Nouvelle-Zélande). Appliquez à ce moment un engrais riche en azote afin d'activer la croissance. Coupez tout le plant lorsque les feuilles sont complètement développées, soit environ un mois et demi après le semis. Pour une récolte continuelle, on peut semer toutes les deux semaines. Toutefois, les plants ont la mauvaise manie de monter en graine très rapidement lorsqu'il fait trop chaud. C'est pourquoi les semis effectués entre le 15 juin et le 1er août sont à déconseiller. L'épinard de la Nouvelle-Zélande, par contre, est moins sujet à monter en graine et peut plus facilement être semé en juin et juillet.

Maladies: Brûlure: achetez les variétés résistantes.

Insectes: Pucerons: pulvérisez au malathion ou au diazinon.

Les melons
Cucumis melo

Nous allons grouper ici les melons d'eau, les melons brodés et les cantaloups.

Variétés

Melons d'eau: Hybride Family Fun, 80-83 jours; Hybride boule de sucre, 68-70 jours; Sugar baby, 70-72 jours; Kleckley sucré, 85 jours; Yellow Doll à chair jaune, 72-75 jours.

Melons brodés: Hybride Maine Rock, 75-78 jours; Hybride chaca n° 1, 75-80 jours; Petite perle, 80 jours.

Cantaloups: Roche de miel, 84-86 jours; Hybride sucré extra hâtif, 67-68 jours.

Les plants de melons exigent beaucoup d'espace. Les plants courent sur le sol et chacun peut couvrir un espace de 1 m

(3 1/4 pi) de largeur et de 2 m (6 1/2 pi) de longueur. Si vous disposez d'un espace restreint, il vaut mieux vous en abstenir.

Le semis

Il est préférable de commencer les semis à l'intérieur vers la fin de mars ou le début d'avril. Utilisez des pots de tourbe de 15 cm (6 po) de diamètre. Semez sept ou huit graines par pot et couvrez-les de 2,5 cm (1 po) de terreau.

Mode de culture

Lorsque les plants atteignent 6 cm (2 1/2 po) de hauteur, ne conservez que quatre plants forts par pot et pincez le bourgeon terminal afin de favoriser la croissance de branches latérales. En mai, appliquez un engrais soluble. Lorsque tout danger de gel est passé, au commencement de juin, transplantez les pots à l'extérieur, en buttes. Espacez chaque butte d'environ 1,5 m (5 pi) en tous sens. Il est préférable d'appliquer un engrais soluble en juin et de nouveau à l'apparition des fleurs. Effectuez de fréquents binages et maintenez le sol humide surtout lorsque les fruits se forment. Les melons sont prêts à être cueillis lorsqu'il suffit d'une simple pression du pouce pour les détacher de la tige.

Maladies: Voir concombres.

Insectes: Voir concombres.

Les oignons
Allium sp.

(Nous groupons ici les oignons, les échalotes et les poireaux.)

Variétés

Oignons jaunes: Hybride encore, 80-100 jours; Hybride de époch, 110 jours; Fiesta hybride, 115 jours; Géant espagnol Riverside, 115 jours.

Oignons blancs: Blanc Globe de Southport, 112-117 jours; Blanc hâtif de Barletta, 90 jours.

Oignons rouges: Rubis, 100-105 jours; rouge Globe de Southport, 113-118 jours; rouge gros de Wethersfield, 100-105 jours.

Échalotes: Tiges blanches du printemps, 30-40 jours; Evergreen, à semer en automne, 60-65 jours.

Poireaux: Éléphant, 140-145 jours; Unique, 135-140 jours; Malabare, 130-135 jours.

L'oignon

Le semis

Pour une récolte plus hâtive il vaut mieux semer à l'intérieur en mars. Utilisez de préférence des boîtes à semis en tourbe pressée que vous trouverez chez votre pépiniériste. Semez les graines en rangées dans les boîtes et couvrez-les de 6 mm (1/4 po) de terreau.

Mode de culture

Lorsque les jeunes plants atteignent environ 5 cm (2 po) de hauteur, éclaircissez-les à tous les 6 mm (1/4 po) environ. En effet, les jeunes plants ont l'apparence de brins d'herbe. Ajoutez un engrais soluble complet en avril et repiquez en pleine terre vers le 15 mai. Plantez-les en rangs espacés d'environ 30 cm (12 po) et laissez de 8 à 12 cm (de 3 à 5 po) entre les plants. On

Photo: Jardin botanique de Montréal (Roméo Meloche)

peut aussi semer les graines directement en pleine terre au début de mai. Au cours de l'été, maintenez le sol humide pendant les périodes de sécheresse.

L'échalote

Il convient de semer au début de mai, directement en pleine terre en rangs espacés de 30 cm (12 po). Laissez environ de 2,5 cm (1 po) entre chaque plant, lorsque vous les éclaircissez. Semez toutes les deux semaines jusqu'au début d'août pour une récolte prolongée. La variété «Evergreen» doit, pour sa part, être semée vers la fin d'août de la même façon. Les échalotes semées à cette époque passeront l'hiver sur le champ et seront prêtes à être cueillies le printemps suivant, après la fonte des neiges.

Photo: *Jardin botanique de Montréal (Roméo Meloche)*

Le poireau

Pour une récolte plus hâtive, semez en mars de la même façon que les oignons, et repiquez-les à l'extérieur au début de mai. Il est préférable de planter les poireaux en tranchées peu profondes plutôt qu'en rangs surélevés. À mesure que les tiges grossissent, remplissez la tranchée graduellement. Cette pratique permet d'obtenir des poireaux à tige blanche plus longue.

D'autre part, il est avantageux de semer une seconde récolte directement en pleine terre en mai. Les poireaux seront prêts à être cueillis à la fin de l'automne. Vous pouvez même en laisser une partie sur le champ. Ils passeront l'hiver et on pourra les arracher le printemps suivant.

Photo: Jardin botanique de Montréal (Roméo Meloche).

Maladies: Contre le mildiou: choisissez des variétés résistantes.

Insectes: Teigne: ajoutez du diazinon en granules dans les sillons lorsque vous semez ou plantez au printemps.

Le panais
Pastinaca sativa

Variété
All American, 110-115 jours.

Comme les racines du panais sont très longues, il faut bêcher la terre assez profondément à environ 30 cm (12 po) de profondeur afin d'obtenir de belles racines bien droites.

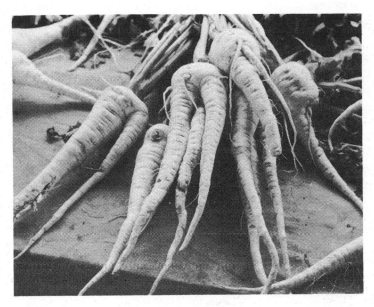

Photo: Agriculture Québec

Le semis

Semez tôt au printemps, dès que la terre peut être travaillée, en rangs espacés de 40 cm (15 1/2 po). Couvrez les graines d'environ 1 à 1,5 cm (1/2 à 3/4 po) de terre.

Mode de culture

Lorsque les plants atteignent 8 à 10 cm (de 3 à 4 po) de hauteur, éclaircissez-les à tous les 10 à 15 cm (4 à 6 po) de distance. Comme le feuillage des panais peut atteindre près de 1 m (3 1/4 pi) de hauteur, il vaut mieux les planter à l'arrière du jardin, juste devant les pieds de tomates. Au cours de l'été, maintenez le sol humide et effectuez de fréquents binages. Le panais est généralement prêt pour la cueillette à la fin de l'automne. Cueillez-en la moitié et laissez l'autre hiverner sur le champ; vous pourrez alors avoir de bons panais frais le printemps suivant. Rappelez-vous qu'on n'arrache pas un panais, mais on le *déplante*. La longue racine risque de casser si vous tirez dessus.

Maladies: Aucune vraiment nuisible.

Insectes: Très peu. Si vous en découvrez, même traitement que pour les carottes.

Le persil
Petroselinum crispum

Variétés

Vert foncé, 68-70 jours; Champion mousse frisé, 70 jours; Stalion à feuille de céleri, 90 jours.

Le semis

Semez les graines en mars, à l'intérieur, dans des pots de tourbe de 6 à 8 cm (de 2 1/2 à 3 po) de diamètre. Ne conservez qu'un seul plant fort par pot. Notez que les graines prennent de deux à quatre semaines à germer. En mai, transportez-les en couches froides puis plantez-les en pleine terre, vers la fin de mai, en rangs espacés d'environ 40 cm (15 1/2 po). Laissez environ 15 cm (6 po) entre chaque plant. Les plants peuvent aussi être conservés à l'intérieur et mis en pleine terre après la dernière gelée. Enfin, on peut aussi semer les graines directement en terre, tôt le printemps, dès que la terre peut être travaillée. Le persil semé en pleine terre ne sera pas affecté par les gelées tardives. Lorsque les plants atteignent environ 6 cm (2 1/2 po), éclaircissez-les à tous les 6 à 8 cm (2 1/2 à 3 po).

Mode de culture

Au cours de l'été, binez fréquemment la terre autour des plants et appliquez un engrais complet au début de juillet. Notez qu'il est possible de rentrer des plants à l'intérieur en septembre, et de poursuivre la récolte tout au long de l'hiver. Avant les premières gelées, déplantez quelques plants, en prenant bien soin de prendre une bonne motte de racines. Empotez-les dans des pots d'argile de 15 cm (6 po) de diamètre. Placez des morceaux de pots cassés ou des cailloux au fond du pot, puis recouvrez les cailloux d'un peu de terreau. Déposez-y la motte, puis couvrez-la avec le reste du terreau. Tassez bien la terre autour des racines et arrosez copieusement.

Disposez les pots sur le rebord d'une fenêtre ensoleillée et appliquez un engrais soluble complet toutes les trois semaines.

Maladies: Aucune d'importance.

Insectes: Le persil est un répulsif naturel. Les insectes s'en éloignent d'eux-mêmes.

Les pois
Pisum sativum

Variétés
Plants courts: Marché extra hâtif, 58-60 jours; Perfected freezer, 60-62 jours; Alaska extra hâtif, 58-60 jours; Progrès de Laxton, 60-62 jours; Petite merveille, 61-63 jours.

Plants grimpants: Téléphone géant, 75 jours; Mange-tout géant, 71-75 jours. Les pois mange-tout sont ainsi nommés parce qu'il est possible de manger toute la cosse comme une fève. Il existe aussi une variété naine: Mange-tout naine, 64-67 jours.

Le semis
Semez tôt au printemps dès que la terre peut être travaillée car les pois affectionnent particulièrement les températures fraî-

LE GUIDE QUÉBÉCOIS DU POTAGER

Photo: Réflexion

ches. Semez les graines à environ 2,5 cm (1 po) de profondeur, en rangs espacés de 30 cm (12 po).

Mode de culture

Lorsque les jeunes plants atteignent de 6 à 8 cm (de 2 1/2 à 3 po) de hauteur, éclaircissez-les à tous les 5 cm (2 po) de distance. Pour les variétés grimpantes c'est à ce moment qu'il faut planter un tuteur en bambou d'environ 1,2 m (4 pi) de hauteur. Ajoutez un engrais complet lorsque les premières fleurs apparaissent. Effectuez de fréquents binages et maintenez le sol humide pendant les fortes chaleurs. Lorsque les cosses sont mûres, généralement quand on voit la forme des pois au travers, cueillez-les à mesure afin d'en prolonger la récolte.

Maladies: Achetez des variétés résistantes. Ne manipulez pas les plants lorsqu'ils sont mouillés.

Insectes: Pulvérisez avec du roténone ou du diazinon.

La pomme de terre
Solanum tuberosum

Variétés
Norland, Kennebec, Pontiac, Cobbler.

Il y a malheureusement peu de pépinières qui offrent des éclats de pommes de terre. La meilleure chose à faire consiste à utiliser celles du supermarché. Comme les pommes de terre sont sujettes à la gale et à la brûlure, deux maladies difficiles à enrayer, il convient de prendre certaines précautions en les plantant.

Photo: *Jardin botanique de Montréal (Roméo Meloche)*

Mode de plantation

Ne mélangez pas l'engrais à la terre au printemps comme pour le reste du jardin. Réservez un endroit pour les pommes de terre et bêchez la terre profondément. Ajoutez du sable et de la mousse de tourbe comme d'habitude. Creusez ensuite des sillons d'environ 15 cm (6 po) de profondeur et espacés de 1 m (3 1/4 pi). Saupoudrez le fond d'un peu de fumier déshydraté et d'engrais chimique. Recouvrez le tout d'environ 5 cm (2 po) de terre. Il importe, en effet, que les tubercules que vous planterez n'entrent pas en contact avec l'engrais.

Coupez ensuite vos tubercules en cubes contenant chacun un ou deux yeux. Déposez-les dans les sillons à environ 25 à 30 cm (10 à 12 po) de distance les uns des autres. Refermez les sillons et arrosez copieusement en ajoutant, si possible, un peu de sulfate d'aluminium à votre eau. Le sulfate d'aluminium a pour but de rendre la terre plus acide, ce qui préviendra les maladies. (Voir la section sur le pH du sol.)

Au cours du printemps, effectuez de légers binages autour des plants. Cessez les binages dès que les plants commencent à fleurir afin de ne pas endommager les jeunes tubercules. Lorsque le feuillage commence à jaunir, généralement vers la mi-août, ou le début de septembre, les tubercules sont prêts à être déterrés et cueillis.

Maladies: Utilisez la méthode préventive expliquée plus haut. Ne manipulez pas les plants lorsqu'ils sont mouillés.

Insectes: Doryphore et cicadelle. Pulvérisez avec du roténone ou du diazinon.

La rhubarbe
Rheum rhaponticum

Variétés
Myatt's Victoria, Latham.

Il s'agit d'une plante vivace et rustique. Sa plantation est donc permanente.

Le semis
Il est préférable de planter des plants de un an que vous trouverez chez votre pépiniériste. Plantez les racines à environ 8 à 10 cm (3 à 4 po) de profondeur, en rangs espacés de 1 m (3 1/4 pi), de façon que le bourgeon soit juste à la surface du sol.

Mode de culture

La rhubarbe pousse d'elle-même. Il suffit de bêcher la terre autour des plants chaque printemps et d'ajouter un engrais complet. Ne cueillez que quelques tiges la première année afin de ne pas épuiser les jeunes plants.

Maladies: Aucune.

Insectes: Aucun. Si vous en apercevez, pulvérisez avec du roténone.

Le rutabaga et le navet
Brassica napo; Brassica rapa

Variétés
Navets ou rabioles: Hâtives: Ambre doré, 60-62 jours; Boule d'or, 58-60 jours; Boule de neige, 42-45 jours; Milan hâtif à collet violet, 40-45 jours.

Tardives: Nacomber, 80 jours.

Rutabagas ou choux de Siam: Laurentien, 85-90 jours; Doré de Zwaan, 80 jours; Éléphant Jumbo, 90-92 jours.

Navets hâtifs

Le semis
Semez très tôt le printemps, dès que la terre peut être travaillée, en rangs espacés de 30 cm (12 po), et couvrez les graines de 6 mm (1/4 po) de terre.

Mode de culture
Lorsque les plants atteignent environ 6 cm (2 1/2 po) de hauteur, éclaircissez-les à 8 ou 12 cm (3 ou 5 po) de distance. Effec-

tuez de légers binages autour des plants afin d'éliminer les mauvaises herbes. Les navets seront prêts à être cueillis en juin. Effectuez un second semis vers la mi-août pour une récolte automnale.

Rutabagas et navets tardifs

Semez-les très tôt le printemps comme les navets hâtifs. Cependant, il est préférable de les commencer à l'intérieur vers la fin de mars. Utilisez des boîtes à semis et semez les graines en rangées dans la boîte. Ne semez pas trop serré. Au début de mai, repiquez les plants en rangs espacés de 40 cm (15 1/2 po) et laissez de 15 à 18 cm (de 6 à 7 po) entre chaque plant. Les rutabagas ne craignent pas les gelées tardives. On peut aussi semer directement en pleine terre vers le 20 juin pour une récolte automnale. Notez que les navets et les rutabagas récoltés en automne seront plus tendres et plus savoureux que ceux qu'on récolte en été.

Maladies: Cœur brun: arrosez la terre avec une solution de borax, avant la plantation.

Insectes: Pucerons, altises, mouches: traitez au diazinon, au guthion ou au roténone.

Le potager du jardinier expert

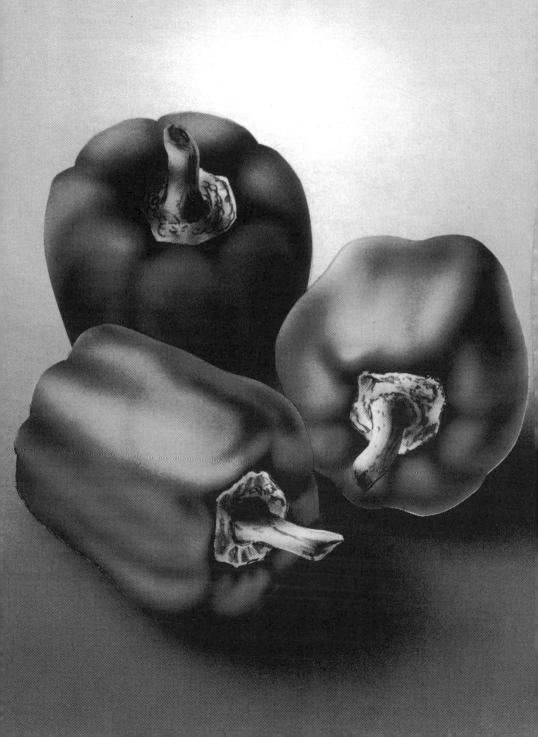

Cette troisième partie s'adresse tout particulièrement à ceux qui cultivent leurs propres légumes depuis quelque temps. La préparation du sol au printemps, le contrôle des maladies et des insectes, les semis d'intérieur, etc., n'ont à peu près plus de secrets pour vous et vous recherchez des expériences nouvelles. Vous avez sans doute remarqué que certains légumes, malgré tous vos efforts, ne donnent pas le rendement souhaité par suite d'un degré d'acidité (pH) inadéquat du sol.

D'autre part, certains légumes auxquels vous n'aviez peut-être pas songé, tels l'okra, le salsifis, l'artichaut, etc., peuvent devenir très intéressants à cultiver. Nous verrons aussi comment fabriquer soi-même son propre engrais. Bref, vous trouverez dans les prochaines pages les renseignements qui, jusqu'alors, vous manquaient pour parfaire votre habileté en jardinage.

1 Le pH du sol

Nous avons jusqu'à présent considéré le sol selon sa composition physique, à savoir s'il est léger et sablonneux, ou lourd et argileux. Les correctifs, tels l'humus et le compost, ont réussi à en corriger la texture parfois déficiente et à le rendre fiable et de bonne qualité. Enfin, les engrais organiques ou chimiques lui assurent une fertilité raisonnable. Bref, la façon dont nous avons traité le sol jusqu'à maintenant convient fort bien à la culture des légumes et devrait satisfaire l'amateur en ce qui concerne le rendement des cultures.

Il convient maintenant d'aborder un autre facteur entrant dans la composition du sol, soit son degré d'acidité. Le degré d'acidité du sol varie selon une échelle appelée pH (potentiel d'Hydrogène) graduée de 0 à 14. Le chiffre du milieu (7) signifie que le sol est neutre. De 0 à 7, le sol est acide; et de 7 à 14, le sol est alcalin. Le degré d'acidité d'un sol est donc très important puisque certains légumes tolèrent mal l'acidité et d'autres la préfèrent. De façon générale cependant, la plupart des légumes s'accommodent bien d'un sol légèrement acide ou légèrement alcalin soit un pH oscillant entre 6 et 8.

L'analyse du sol

La seule façon de découvrir le pH d'un sol consiste à l'analyser. Les centres de jardinage vendent des «trousses à analyse» de différentes qualités. Les moins chères ne servent qu'à mesurer le pH du sol. Les trousses plus sophistiquées, et évidemment plus coûteuses, permettent aussi de mesurer les quantités d'azote, de phosphore, de potasse et de certains autres micro-éléments comme le calcium, le manganèse, le magnésium, etc., contenues dans votre sol. Ces trousses sont en général faciles à utiliser et les résultats, faciles à interpréter.

Un pH acceptable, rappelons-le, se situe entre 6 et 8. Si, par contre, l'analyse démontre un pH inférieur à 6 ou supérieur à 8, il convient de le corriger. Un apport de chaux dolomitique au printemps corrigera un sol trop acide, tandis qu'une application de sulfate d'aluminium corrigera un sol trop alcalin. Refaites une nouvelle analyse chaque printemps et corrigez le pH s'il y a lieu.

Échelle pH (potentiel d'Hydrogène)

	14	
	13	
très alcalin	12	
	11	
	10	
moyennement alcalin	9	
légèrement alcalin	8	
	7	sol neutre
	6	légèrement acide
	5	moyennement acide
	4	
	3	très acide
	2	
	1	
	0	

On appelle un sol neutre, un sol dont le pH se situe entre 6,8 et 7,5 quoique théoriquement un pH parfaitement neutre soit égal à 7.

pH souhaitable pour chaque légume

Légumes tolérant un pH variant de 6 à 8:

artichaut	fenouil
asperge	laitue
betterave	moutarde
bette à carde	oignon
chou-fleur	okra
choux variés	panais
céleri	poireau
céleriac	pois
ciboulette	raifort
échalote	salsifis
endive	soya
épinard	

Légumes préférant un pH variant de 5,8 à 6,8:

aubergine	haricot
brocoli	maïs
chou	melon
chou de Bruxelles	navet
chou chinois	persil
chou frisé	piment
carotte	radis
citrouille	rhubarbe
concombre	rutabaga
courge	tomate

Légumes préférant un pH variant de 4,8 à 6:

pomme de terre	topinambour

2   Le paillis

Vous avez jusqu'ici arraché les mauvaises herbes à la main et au moyen du sarcloir. Lors des grandes périodes de sécheresse de l'été dernier, vous avez constaté que votre jardin se desséchait très rapidement. L'utilisation d'un paillis s'avérera donc précieuse à l'avenir. En effet, un bon paillis maintient le sol humide et frais et étouffe les mauvaises herbes qui tentent de s'infiltrer entre les cultures. Il existe plusieurs matériaux pouvant servir à fabriquer le paillis. La plupart d'entre eux, en se décomposant, enrichissent le sol qu'ils recouvrent. Les centres de jardinage et certains pépiniéristes offrent habituellement les matériaux suivants: épis de blé, épis de maïs moulus, aiguilles de pin, paille, etc. Ces paillis, pourvu qu'on leur ajoute un peu d'engrais riche en azote lors de l'application, ne coûtent pas cher et sont efficaces. L'écorce de pruche déchiquetée qui se vent un peu partout est très décorative et assez efficace, sauf qu'elle coûte très cher comparativement aux autres matériaux.

L'installation

Il convient d'installer le paillis dès que vous ensemencez les rangs. Couvrez toute la surface du jardin d'une couche d'environ 8 à 10 cm (3 à 4 po) d'épaisseur avec le matériau que vous aurez choisi. Ne couvrez pas cependant le dessus des rangs ou tout autre endroit destiné à être ensemencé ou à recevoir les jeunes plants. En effet, si vous couvrez les semis avec le paillis, ceux-ci ne lèveront pas.

Le paillis doit être retiré à l'automne après les dernières récoltes. Ne le laissez pas en place durant l'hiver sous peine de voir la période du dégel considérablement retardée le printemps suivant.

Un autre type de paillis

Depuis quelques années les agriculteurs maraîchers utilisent de plus en plus un paillis fait de plastique opaque (comme celui des sacs à poubelle). Ce paillis est propre et s'avère plus efficace encore que les paillis traditionnels bien qu'il soit moins élégant pour un jardin domestique. Ce plastique se vend chez certains pépiniéristes, dans les centres de jardinage et les quincailleries, en rouleaux d'environ 1 m (3 1/4 pi) de largeur.

L'installation de ce paillis se fait juste avant de semer ou de planter. Recouvrez complètement la surface du jardin en fixant chaque lisière avec des lattes de bois ou des roches. La fixation au sol est très importante afin que le plastique ne soit pas emporté par les grands vents. Découpez un trou d'environ 8 cm (3 po) de diamètre à l'endroit où vous plantez chaque plant. Découpez aussi une lisière d'environ 5 cm (2 po) de largeur sur le dessus de chaque rang que vous allez ensemencer. Pratiquez aussi des fentes entre chaque rang afin de laisser passer l'eau. Arrosez copieusement, jusqu'à ce que le sol soit bien humide sous le plastique, et semez. À l'automne, enlevez le plastique et rangez-le à l'intérieur.

3 Le compost

Comme je l'ai déjà mentionné au début du présent ouvrage, les engrais organiques, en plus d'enrichir le sol, en améliorent la texture et la qualité. Il en va de même du compost que l'on peut fabriquer soi-même à partir de déchets végétaux tels que les feuilles mortes, les rognures de gazon, les plantes mortes et certains déchets domestiques comme les pelures de fruits ou de légumes, les feuilles de thé, les coquilles d'oeufs, etc. Tous ces détritus serviront à constituer un compost d'excellente qualité. Notez que le meilleur moment pour commencer un tas de compost se situe tôt le printemps. Le compost commencé en avril sera prêt à être utilisé partiellement en octobre, ou, à coup sûr, le printemps suivant.

La méthode de fabrication

Choisissez un endroit semi-ombragé dans un coin retiré du jardin. Bêchez bien la terre en lui incorporant un engrais chimique complet ou une bonne couche de fumier. Amassez les feuilles mortes, les débris de plantes annuelles, les brindilles d'arbres, etc., qui ont séjourné sur le terrain au cours de l'hiver, empilez-les pour faire une couche d'environ 15 cm (6 po) d'épaisseur et saupoudrez-les d'un engrais chimique complet. Au cours du printemps, ajoutez sur le tas les rognures de gazon, les mauvaises herbes que vous arrachez, les pelures de fruits

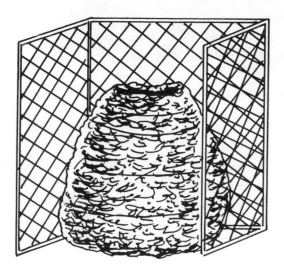

Le sommet du tas de compost doit se terminer en une légère dépression afin de capter l'eau de pluie.

et de légumes, les coquilles d'œufs, jusqu'à former une autre couche de 15 cm (6 po) d'épaisseur. Saupoudrez d'un engrais chimique complet et recouvrez le tout d'une couche de terre d'environ 3 cm (1 1/3 po) d'épaisseur. En juillet, retournez le tas sens dessus dessous, puis recommencez à empiler les déchets par-dessus, en couches successives de 15 cm (6 po) d'épaisseur jusqu'à ce que vous ayez formé un tas d'environ 1,5 m (5 pi) de hauteur. Saupoudrez un peu d'engrais entre chaque nouvelle couche et recouvrez le tas de 3 cm (1 1/3 po) de terre toutes les deux couches. Retournez de nouveau le tas à la fin de l'été, et une dernière fois à la fin de l'automne.

Notez que le tas de compost, pour bien se décomposer, doit être maintenu humide. Humectez-le souvent au cours de l'été si les pluies ne sont pas assez abondantes. Le printemps suivant, votre compost sera prêt à être utilisé. Recouvrez la surface de votre jardin d'une couche d'environ 2 cm (3/4 po) de compost et enfouissez-la dans le sol. Enfin, il vaut mieux vous garder une réserve de vieux compost que vous utiliserez comme base pour le nouveau tas.

4 Les engrais verts

Les engrais verts sont ainsi nommés parce qu'ils proviennent de plantes en pleine croissance que l'on enfouit dans le sol. Leur emploi, combiné à celui des engrais chimiques, du fumier ou du compost, s'avère des plus bénéfiques. Les engrais verts permettent de restituer au sol les éléments nutritifs qu'il a perdus au cours de l'été. Notez, cependant, que les engrais verts ne peuvent, à eux seuls, maintenir le sol fertile. Ils doivent être utilisés en complément des autres engrais prémentionnés.

Les plantes les plus susceptibles de servir d'engrais verts sont le seigle et le trèfle, bien que ce dernier, s'il n'est pas enfoui correctement, ait tendance à repousser au printemps.

Comment procéder

Vers la fin de l'été, lorsque la plupart des légumes ont été cueillis, semez du seigle ou du trèfle, entre les rangs, et laissez-le pousser au cours de l'automne. La plupart des pépiniéristes ou marchands grainetiers offrent ces semences. Tard l'automne, avant les gelées importantes, enfouissez les plants dans le sol. Labourez de nouveau, le printemps suivant.

5 La couche chaude

L'usage d'une couche chaude peut se révéler intéressant pour ceux qui désirent commencer leurs semis plus tôt. Une couche chaude permet, en outre, de faire à l'extérieur les semis que vous aviez jusqu'ici commencés dans la maison. Les gens qui ne disposent pas de l'espace voulu à l'intérieur apprécieront la couche chaude. En fait, celle-ci se construit à peu près de la même façon qu'une couche froide, sauf qu'elle est pourvue de fils chauffants. On peut se procurer ces fils dans certains grands centres de jardinage et dans les quincailleries. Ils ne coûtent pas tellement cher et sont efficaces. N'utilisez toutefois que des fils munis d'un petit thermostat afin de pouvoir maintenir la température à un degré constant de chaleur.

Mode de construction

Choisissez un endroit près d'un mur ou d'un solage orienté vers le sud. Creusez d'abord un trou de 30 cm (12 po) de profondeur, puis couvrez le fond avec une couche de gravier de 10 cm (4 po) d'épaisseur. Recouvrez le gravier de 5 cm (2 po) de sable et installez les fils chauffants sur le sable. Placez ensuite un grillage métallique ou de la broche à poules sur les fils et recouvrez le tout de 15 cm (6 po) de bon terreau à jardin.

Construisez maintenant un châssis par-dessus la couche, comme celui qui est utilisé pour la couche froide.

Mode d'emploi

Environ une semaine avant de semer, commencez à chauffer la couche. Installez un thermomètre dans la couche, sur le côté non exposé au soleil. Dès que la température se maintient aux alentours de 20°C (68°F) la nuit, vous pouvez commencer à semer. Le temps propice aux semis survient généralement au début d'avril. Lorsqu'il fait soleil et que la température extérieure monte, surveillez bien la couche. Dès que la température à l'intérieur dépasse 22°C (72°F), ouvrez le châssis de la même façon que celui des couches froides. Les jeunes semis doivent être protégés du soleil par un écran de jute ou de tissu semi-opaque. Vers la fin de mai, ou dix jours environ avant la mise en pleine terre, cessez de chauffer les couches, sauf si la météo prévoit une nuit froide.

Enfin, on peut aussi utiliser les couches froides ou chaudes à l'automne pour prolonger les récoltes. Les légumes à croissance rapide, tels les radis, la laitue en feuilles, etc., peuvent être récoltés jusqu'en novembre s'ils sont semés en couches chaudes vers la fin d'août. Commencez à chauffer les couches dès les premières gelées.

6 La culture des légumes

L'artichaut

Cynara scolymus

Variété

Globe vert, 120 jours.

L'artichaut si recherché des fins gourmets peut se cultiver avec relativement de succès. En effet, l'artichaut est une plante vivace qui produit peu la première année et dont la récolte est plus grande les deuxième et troisième années suivant le semis. Notre climat est hélas trop rigoureux pour que les plants puissent survivre à l'hiver. Il faut donc se contenter d'une petite récolte chaque année, à moins de semer beaucoup de plants.

Le semis

Commencez le semis à l'intérieur en *février*. Utilisez des pots de 10 cm (4 po) de diamètre et semez trois ou quatre graines par pot, à environ 1 cm (1/2 po) de profondeur.

Mode de culture

Lorsque les plants atteignent 6 cm (2 1/2 po) de hauteur, ne conservez qu'un seul plant fort par pot. Profitez de l'occasion pour appliquer un engrais soluble complet. Lorsque tout danger de gel est passé, vers le 1er juin, transplantez les pots en pleine terre. Espacez chaque plant de 1 m (3 1/4 pi) en tous sens. Effectuez de fréquents binages et maintenez le sol humide. Il est bon de fertiliser de nouveau lorsque les bourgeons apparaissent. L'artichaut se cueille avant que les sépales (écailles) ne commencent à s'écarter du bourgeon.

Maladies: Rares.

Insectes: Pulvérisez au diazinon si vous en voyez.

Les chicorées
Cichorium

Variétés
Scarole géante maraîchère, 85-90 jours; Salad King, 97 jours; Impériale frisée, 95 jours.

Le semis
Semez au début de mai, dès que la terre peut être travaillée, à environ 6 mm (1/4 po) de profondeur. Espacez les rangs de 40 cm (15 1/2 po). On peut également semer en vue d'une seconde récolte en juin.

Mode de culture
Lorsque les plants atteignent environ 8 cm (3 po) de hauteur, éclaircissez-les à tous les 18 cm (7 po). Effectuez de fréquents binages au cours de l'été et maintenez le sol humide. Lorsque les plants ont atteint la grosseur d'une grosse pomme de laitue (environ deux mois et demi après le semis), attachez quelques feuilles ensemble de façon à former une tente par-dessus la pomme. La pomme blanchira en moins de deux semaines et sera prête à être coupée.

Maladies: Aucune.

Insectes: Voir laitue.

La chicorée endive
C. endivia

Variété
Withloof, 100 jours.

L'endive se cultive en deux étapes. On la sème d'abord directement en pleine terre vers la mi-juin. Le mode de culture est le même que celui de la laitue en feuilles. En octobre, déterrez les racines et coupez le feuillage à 5 cm (2 po) du collet (endroit d'où les feuilles partent). Réduisez les racines à une longueur de 15 à 20 cm (de 6 à 8 po), en coupant les bouts effilés.

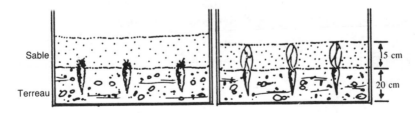

Emplissez le fond de la boîte de 20 cm (20 po) de terreau et plantez les racines à proximité l'une de l'autre. Recouvrez le tout de 15 cm (6 po) de sable.

Il convient maintenant de procéder à la seconde étape, soit le forçage. Utilisez des boîtes en bois de 40 cm (15 1/2 po) de hauteur environ. Emplissez le fond de 20 cm (8 po) de bon terreau humide et enfoncez-y les racines côte à côte, de façon que le collet soit juste à la surface du sol. Recouvrez ensuite

Photo: Agriculture Québec

les collets d'une couche de sable de 15 cm (6 po) d'épaisseur. Placez les boîtes dans une pièce ou une cave fraîche (de 10°C à 15° C [de 50°F à 59°F]) et sombre. Maintenez le sable humide mais non détrempé. Bientôt des pousses blanches vont se développer. Lorsqu'elles atteignent la surface du sable, généralement après trois ou quatre semaines, elles sont prêtes à être coupées et consommées.

La mâche

Variété
Verte de Cambrai, 45 jours.

La mâche se cultive comme la laitue en feuilles. Semez-la tôt au printemps ou à la fin de l'été, car elle supporte mal les

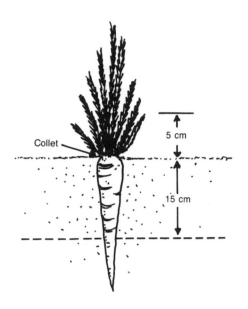

Coupez les feuilles à 5 cm (2 po) au-dessus du collet.

grosses chaleurs. Pour une récolte prolongée, coupez les feuilles dès qu'elles atteignent 10 cm (4 po).

Le cresson de jardin

Il se cultive comme la laitue en feuilles. Semez à toutes les deux semaines, depuis le début de mai. Pour une récolte prolongée, coupez les feuilles dès qu'elles atteignent 8 cm (3 po) de hauteur.

Le cresson de fontaine

En principe, ce cresson croît dans les cours d'eau ou près des ruisseaux. On peut toutefois le réussir avec succès pourvu que le terre où il est semé soit maintenue constamment humide. Pour le reste, il se cultive comme le cresson de jardin.

L'oseille

D'un goût délicieux, spécialement dans les potages, l'oseille se cultive comme l'épinard. Comme elle est vivace, elle repoussera d'elle-même chaque printemps.

Les choux
Brassica oleracea capitala

Variétés

Hâtives: Hybride Boule rapide, 50-52 jours; Merveille hâtive, 56-58 jours; Golden acre élite, 60-63 jours; Cœur de bœuf, 63-66 jours.

Hâtives rouges: Boule rubis, 60-65 jours; Hâtif red acre, 65-70 jours.

Photo: *Jardin botanique de Montréal (Roméo Meloche)*

Hâtives choux chinois: China King hybride, 65-70 jours; Michili long, 70-75 jours.

Mi-saison: Steadfast Arnel, 72-74 jours; Jumbo, 80-82 jours.

Tardives: Eastern Ballhead, 95-98 jours; Blanc d'hiver, 105-108 jours; Pennstate, 103-107 jours.

Tardives rouges: Tête de nègre, 100-105 jours.

Le semis

Pour une récolte plus hâtive, il convient de commencer les semis à l'intérieur en mars ou au début d'avril. Utilisez des pots de tourbe d'environ 8 cm (3 po) de diamètre et semez trois graines par pot en les couvrant d'environ 6 mm (1/4 po) de terreau. Lorsque les plants atteignent environ 5 cm (2 po) de hauteur, ne conservez pour chaque pot que le plant qui vous semble le plus fort.

Mode de culture

Transportez les plants en couche froide vers la mi-mai et plantez-les en pleine terre, vers le 1er juin, en rangs espacés de 60 cm (24 po). Laissez environ 40 cm (15 1/2 po) entre chaque plant. On peut aussi semer les choux directement en pleine terre vers la fin de mai. Au cours de l'été, faites de fréquents binages et maintenez le sol humide. Appliquez un engrais complet vers la fin de juin pour les variétés hâtives et de mi-saison. Pour les variétés tardives, fertilisez aussi en juin, puis une seconde fois en août.

Maladies

Hernie: Les plants prennent un aspect rabougri et ont tendance à se flétrir. Cette maladie provient en général d'un sol trop acide. Il convient alors de hausser le pH par une application de chaux. (Voir section pH du sol.)

Pourriture noire et tige noire: Ces maladies sont moins fréquentes dans nos jardins domestiques. Achetez toujours des semences de qualité.

Insectes: Pucerons, altises, larve et mouche du chou: Pulvérisez avec du roténone ou du diazinon.

Piérides et vers gris: Ces insectes se tiennent dans la terre; il est bon de prévenir leur apparition en mélangeant à la terre des sillons, lors de la transplantation, du diazinon en granules. Une vieille méthode très efficace consiste à placer une rondelle de papier goudronné à la base du plant lors de sa mise en pleine terre.

Découpez une rondelle d'environ 8 cm (3 po) de diamètre dans un papier goudronné. Pratiquez une fente jusqu'au centre de façon à pouvoir y insérer le plant.

Les choux chinois

Bien qu'ils se cultivent de la même façon que les choux ordinaires, il vaut mieux les commencer à l'intérieur en mars et les mettre en pleine terre vers la fin de mai. Pour une récolte tardive, on peut semer vers le 1er juillet. Il n'est pas conseillé de semer les choux chinois en mai pour une récolte en juillet. En effet, le chou chinois supporte mal les fortes chaleurs et aura tendance à monter en graines. Prévoyez donc une récolte hâtive ou tardive.

Le chou de Bruxelles

Variétés
Hybride Jade, 85-90 jours; Long Island amélioré, 90-95 jours.

Le semis
Semez à l'intérieur en avril. Utilisez des pots de tourbe d'environ 8 cm (3 po) de diamètre. Couvrez les graines d'environ 6 mm (1/4 po) de terreau.

Mode de culture
Procédez de la même façon que pour les choux. Lorsque les choux commencent à se former, coupez les feuilles du bas. Il est bon aussi de couper la tête et la tige afin de stopper la croissance du plant lorsqu'une bonne quantité de choux s'est formée.

Maladies: Voir choux.

Insectes: Voir choux.

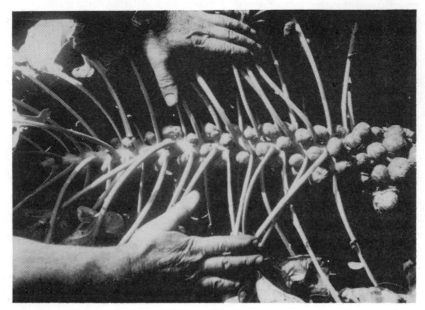

Photo: *Jardin botanique de Montréal (Roméo Meloche)*

Le chou-fleur
Brassica oleracea botrytis

Variétés

Boule de neige « X », 60-65 jours; Boule de neige « Y », 68-70 jours; À feuille couvrante, 68-70 jours.

Le semis

Commencez les plants à l'intérieur vers la fin de mars. Semez les graines dans des pots de tourbe de 8 cm (3 po) de diamètre et recouvrez-les de 6 mm (1/4 po) de terreau. Lorsque les plants atteignent environ 6 cm (2 1/2 po) de hauteur, ne conservez qu'un seul plant fort par pot.

Photo: *Jardin botanique de Montréal (Roméo Meloche)*

Mode de culture

Transplantez les pots en couche froide en mai et plantez en pleine terre vers le 1er juin. Les plants peuvent aussi être conservés dans la maison jusqu'au 1er juin. Espacez les rangs de 70 cm (27 1/2 po) et laissez environ 45 cm (18 po) entre chaque plant. Au cours de l'été, effectuez de fréquents binages et veillez surtout à ce que la terre demeure constamment humide. Lorsque les choux se sont bien formés et atteignent la grosseur d'un pamplemousse il faut les faire blanchir. Attachez simplement les feuilles du haut ensemble de façon à former une espèce de tente autour de chaque pomme. Les pommes ainsi privées de soleil prendront en peu de temps leur belle teinte blanche et seront prêtes à être cueillies. (La variété «à feuille couvrante» vous dispense de cette pratique.)

145

Maladies: Voir choux.

Insectes: Voir choux.

Le chou frisé
Brassica oleracea acephala

Variété
Nain de Sibérie.

Le semis
Le chou frisé aussi appelé «Kale», se sème tôt le printemps, en général dans la première semaine de mai. Semez les graines à 6 mm (1/4 po) de profondeur en rangs espacés de 50 cm (20 po) environ.

Mode de culture
Lorsque les plants atteignent 8 cm (3 po) de hauteur, éclaircissez-les à environ 25 cm (10 po) de distance. Effectuez de fréquents binages au cours de l'été. On peut aussi semer de nouveau vers le 1er août pour une récolte automnale. Ce légume savoureux et facile à cultiver vaut la peine d'être essayé.

Maladies: Voir choux.

Insectes: Voir choux.

Le fenouil
Fœniculum vulgare

Variété
De Florence, 60 jours.

Le semis

Semez directement en pleine terre, vers la fin de mai, en rangs espacés de 60 cm (24 po). Semez les graines à environ 6 mm (1/4 po) de profondeur.

Mode de culture

Lorsque les plants atteignent 6 cm (2 1/2 po) de hauteur, éclaircissez-les à tous les 20 cm (8 po) de distance. Maintenez le sol constamment humide au cours de l'été. Lorsque le bulbe à la base (partie comestible) atteint la grosseur d'une petite pomme, buttez-le avec de la terre pour le faire blanchir. Les bulbes sont prêts à être cueillis sept ou dix jours après le buttage. Notez qu'on peut aussi employer les feuilles et le bas des tiges pour agrémenter les salades.

Maladies: Aucune.

Insectes: Aucun.

Le maïs
Zea mays saccharita

Variétés

Hâtives: Polar Vee, 50 jours; Northern Vee, 53 jours; Sunny Vee, 58-60 jours; Pathfinder, 60-61 jours; Explorateur, 61-62 jours.

De mi-saison: Étoile dorée, 65-66 jours; Morning Sun, 66-68 jours; Super sucré, 67-70 jours; Beauté doré 68-70 jours.

Tardives: Camelcross résistant, 74-75 jours; Fanfare, 75-76 jours; Yukon, 75 jours; Sugar King, 76-77 jours; Seneca Chief, 84-86 jours.

Le semis

Semez directement en pleine terre vers la fin de mai, en rangs espacés de 1 m (3 1/4 pi). Il est *très important* de semer au moins six rangs pour que les épis puissent bien se polléniser entre eux. Si vous ne semez qu'un ou deux rangs, vos épis seront seulement à moitié remplis de grains. Semez à environ 2,5 cm (1 po) de profondeur. Il est recommandé de semer à la fois des variétés hâtives, de mi-saison et tardives, pour une récolte prolongée.

Mode de culture

Lorsque les plants atteignent 10 cm (4 po) de hauteur, éclaircissez-les à tous les 30 cm (12 po) de distance. Effectuez de fréquents mais légers binages entre les plants et arrosez bien pendant les périodes de sécheresse. Il est bon d'appliquer un engrais complet au début de juillet.

Maladies: Le charbon: achetez des variétés résistantes.

Insectes: Pyrale et vers: pulvérisez au Sevin.

La moutarde

Brassica juncea

Variété

Tendergreen, 30 jours.

Le semis

Semez directement en pleine terre dès que le risque de gel est passé, soit vers le 1er juin. Semez à environ 6 mm (1/4 po) de profondeur, en rangs espacés de 30 cm (12 po).

Mode de culture

Dès que les plants atteignent 8 cm (3 po) de hauteur, éclaircissez-les à tous les 8 cm (3 po) de distance. Effectuez de fréquents binages et maintenez le sol humide. La récolte commence lorsque les feuilles ont atteint environ de 20 à 25 cm (de 8 à 10 po) de hauteur. Notez que les jeunes pousses peuvent se manger crues dans les salades, et les grosses feuilles, cuites comme des épinards. On peut semer une seconde récolte en août. Évitez de semer au milieu de l'été car les plants ont tendance à monter en graine pendant les grandes chaleurs.

Maladies: Aucune.

Insectes: Traitez au roténone si vous en apercevez.

L'okra
Hibiscus esculante

Variété
Vert velouté, 60 62 jours.

Le semis
Semez vers la fin de mai ou vers le 15 mai, sous tente chaude, en rangs espacés de 80 cm (30 po). Recouvrez les graines de 2,5 cm (1 po) de terre.

Mode de culture
Lorsque les plants atteignent 8 cm (3 po) de hauteur, éclaircissez-les à tous les 30 cm (12 po) de distance. Effectuez de fréquents binages au cours de l'été. Il est bon d'appliquer un engrais complet lorsque les fleurs commencent à apparaître. Les gousses ou cosses d'okra sont prêtes à être cueillies

lorsqu'elles atteignent de 6 à 8 cm (de 2 1/2 à 3 po) de longueur. Cueillez-les à mesure afin de prolonger la récolte.

Maladies: Aucune.

Insectes: Pulvérisez au diazinon si vous en apercevez.

Le raifort
Armoracia rusticana

Variété
Bohémien, 90 jours.

Mode de plantation
Utilisez des éclats de racines que vous aurez achetés chez votre épicier. Coupez une rondelle d'environ 2,5 cm (1 po) d'épaisseur à la partie supérieure de la racine et plantez-la en pleine terre, au printemps, dès que le sol peut être travaillé. Plantez chaque rondelle de façon que le collet (d'où partent les feuilles) soit recouvert d'environ 6 mm (1/4 po) de terre. À moins d'aimer vraiment le raifort, quelques plants devraient suffire. Sinon, plantez-les en rangs espacés de 30 cm (12 po) et laissez environ 20 cm (8 po) entre chaque plant. Les racines de raifort sont prêtes à être cueillies à l'automne.

Précaution
Comme le raifort est une plante vivace qui se répand facilement, il faut toujours bien en arracher toutes les racines à l'automne. Si vous les laissez en place vous risquez de vous retrouver avec un champ de raifort à plus ou moins brève échéance.

Maladies: Aucune.

Insectes: Aucun.

Le salsifis
Tragopogon porrifolius

Variétés
Mammouth des îles Sandwich, 110-120 jours; Scorsonère, 110 jours, salsifis noir.

Le semis
Semez tôt le printemps, dès que la terre peut être travaillée. Semez les graines en rangs espacés de 30 cm (12 po) et recouvrez-les de 1 cm (1/2 po) de terre.

Mode de culture
Lorsque les plants atteignent 6 cm (2 1/2 po) de hauteur, éclaircissez-les à tous les 10 cm (4 po) de distance. Effectuez de fréquents binages au cours de l'été et maintenez le sol humide. Il est bon d'appliquer un engrais complet en juillet. Il arrive parfois que le salsifis, et surtout la scorsonère, ait tendance à monter en graine pendant les fortes chaleurs. Si tel est le cas, coupez tout le feuillage. Il repoussera en peu de temps et n'empêchera pas la racine de se développer. Arrachez les racines en automne juste après les premières gelées légères.

Maladies: Aucune.

Insectes: Aucun.

Le topinambour
Hélianthus tuberosus

Variété
Aucune officielle.

Mode de plantation
On peut se procurer des tubercules chez certains pépiniéristes et au supermaché. Plantez-les vers la mi-mai à environ 10 cm (4 po) de profondeur. Espacez les rangs de 1 m (3 1/4 pi) et laissez 20 cm (8 po) entre chaque plant. En effet, le topinambour atteint de 1,5 à 2,5 m (de 5 à 8 pi) de hauteur au cours de l'été.

Mode de culture
Quelques légers binages au début de l'été et de bons arrosages pendant les périodes de sécheresse suffiront à vous donner de beaux topinambours. Cueillez-les à l'automne avant les gelées.

Maladies: Aucune.

Insectes: Pucerons: pulvérisez au diazinon.

IMPRIMERIE L'ÉCLAIREUR
Beauceville (Québec), G0M 1A0
15754